美丽
乡村

农村幼儿园课程与资源系列丛书

主编 尹坚勤
副主编 周 联 王 艳

该系列丛书获得江苏省高校“青蓝工程”资助

Curriculum and Resorces
for Rural Kindergarten

农村幼儿园课程与资源

科学

吴思英 邱向琴 编著

南京师范大学出版社
NANJING NORMAL UNIVERSITY PRESS

图书在版编目(CIP)数据

农村幼儿园课程与资源. 科学 / 尹坚勤主编. 一 南京：南京师范大学出版社，2019.4

(美丽乡村. 农村幼儿园课程与资源系列丛书)

ISBN 978-7-5651-3980-2

Ⅰ. ①农… Ⅱ. ①尹… Ⅲ. ①科学知识一学前教育一教学参考资料 Ⅳ. ①G613

中国版本图书馆 CIP 数据核字(2018)第 299582 号

书　　名	农村幼儿园课程与资源・科学
丛 书 名	美丽乡村——农村幼儿园课程与资源系列丛书
丛书主编	尹坚勤
丛书副主编	周　联　王　艳
分册编著	吴思英　邱向琴
责任编辑	张　莉
出版发行	南京师范大学出版社
地　　址	江苏省南京市玄武区后宰门西村 9 号(邮编:210016)
电　　话	(025)83598919(总编办)　83598412(营销部)　83598297(邮购部)
网　　址	http://press.njnu.edu.cn
电子信箱	nspzbb@163.com
照　　排	南京理工大学资产经营有限公司
印　　刷	扬州市文丰印刷制品有限公司
开　　本	787 毫米×1092 毫米　1/16
印　　张	12.5
字　　数	245 千
版　　次	2019 年 4 月第 1 版　2019 年 4 月第 1 次印刷
书　　号	ISBN 978-7-5651-3980-2
定　　价	34.00 元

出版人　彭志斌

《农村幼儿园课程与资源·科学》
编委会

总 序

建设美丽乡村源自“美丽中国”的全新概念，强调尊重自然、顺应自然、保护自然的生态文明理念。事实上，农村地域和农村人口占了中国的绝大部分，“加强农村生态建设、环境保护和综合整治工作，顺应了人民群众追求美好生活、提高幸福感和满意度的新期待”(2013 年中央一号文件)。新时代我国理政治国策略指出，“绿水青山，就是金山银山”，要求“农村要留得住绿水青山，系得住乡愁”。美丽乡村建设的内核是乡村的生态文明和文化和谐发展、持续发展，城乡协调发展，“系得住乡愁”，就是要尽最大可能切实保护好乡村原有社会与自然生态。农村幼儿园的教育功能和文化功能就是要让优秀的传统鲜活起来，让承载着乡村的乡音、乡土、乡情以及古朴的生活，成为一种人们更加珍惜的生活与生长恒久的价值和传统。

一、农村幼儿园课程活动资源的重要价值

中国美丽乡村的文化底蕴深厚，源远流长。儿童生活在乡村地域环境，浸润着特定的传统历史文化习俗，大自然在养护孩子的“智慧与灵性”等方面有着无法比拟和替代的作用。大自然是孩子们最好的生态游戏场所，遵从农村自然环境，扎根于乡土文化的土壤，让孩子们充分体验和感受现代文化和地方传统文化的真谛，让孩子们在自然环境中释放本真，尽情游戏，健康发展，快乐成长！为乡村儿童提供在家门口的、有质量的受教育机会，正是农村学前教育之本义体现，也是“美丽乡村”建设重要的文化本源内容。

然而，目前农村幼儿园课程活动的现状是：幼儿教师生态教育观念淡薄，课程内容“城市化”“小学化”倾向严重，远离乡村生活，传统文化和乡土文化荡然全无。尤其是课程资源缺乏与不适用、教研支持不足等诸多方面原因，导致农村幼儿园教师专业水平偏低、教育教学质量偏低成为普遍现象。因而，提供适宜的幼儿园课程活动与资源是提高农村幼儿园教育质量迫在眉睫的重要议题。

本丛书的目的在于让农村幼儿园教师有一套量身定制的、真正适合乡村幼儿园的课程活动资源手册，为处于乡村偏远地区的村办幼儿园教师提供实用的清单式分

层教育案例和课程活动资源，满足部分混龄班级所需，体现“美丽乡村”之生态背景下的幼儿园教育价值，同时展示农村幼儿园的文化传播、文明建设的拓展性社会价值。

二、农村幼儿园课程活动资源的文化核心

美丽中国要靠美丽乡村奠定基础，良好的生态环境和村容村貌既是美丽乡村的外在表现，也直观反映了农村文明程度，更为传承和保护优秀传统民俗文化提供了条件，使淳朴敦厚的乡风、敦亲睦邻的生活方式、融洽祥和的社区氛围，潜移默化地影响着人们的价值取向和道德观念。瓜田屋下，乡情农俗在人们的交际与生活中留存着乡村般的温情与绿色。守卫乡村幼儿教师岗位职责，守护乡村幼儿园的发展与建设，辛勤耕耘、默默奉献，坚定地守望乡村儿童的健康发展，成为众多乡村幼儿园教师心灵深处的自觉选择和期望。农村幼儿园的小课程，也必然促进乡村文化的大发展、大繁荣。

乡村传统文化与现代教育理念的多维镶嵌性是“美丽乡村——农村幼儿园课程资源手册”体现的课程文化特色。乡村幼儿园与社区之间的关系有着天然的渗透性，与周围自然环境和社区文化紧密交织，基于儿童经验、生活经验的乡村幼儿园课程活动也就有着不同的小镇与村落经验，是在构建一种充满旺盛生命力的自然课程生态环境，朴实而丰满；是真实的幼儿互动、师幼互动、人物互动、人与环境互动的展现；是儿童与教师合作实践的活动。

乡村广饶的户外提供了更大的课程活动空间与温暖的创造自由空间，提供了更多的感性素材，幼儿有了更多的不可预见性活动，教师也就有了更多的开放性任务。教师的角色是支持儿童的发展，帮助儿童探究发现并找到自己在生活环境中的价值，找到自己在周围世界中的价值，尤其是在美丽的乡村世界里的价值。

儿童心灵的种子种植于自然的土壤，就会健康而快乐；种植于乡村文化的土壤，就会美丽而灵动。本丛书关注从乡土文化背景中汲取素材和灵感，适应农村儿童天然的生活方式和样态，导向教育回归幼教本真，回归儿童本色，让儿童得到内在天性与外在自然完整统一的成长，提高农村学前儿童的成长体验幸福感以及家长对于学前教育的满意度。

三、农村幼儿园课程活动资源的基本要素

大自然是一个丰富的物质世界，农村的孩子生在其中，长在其中，对周围的一年四季形态质地各异的自然物有着直观、形象的认识。在与这些自然环境和物品的互动中，每天产生着新的认识与深刻的理解，乡村自然生活环境培养了他们动手动脑的

能力，活泼好动的天性，更加重要的是培养了他们寻源乡土特色教育资源的愉快情绪，以及养成了他们对自然的兴趣与热爱。

挖掘与利用富有地方特色的幼儿园课程资源的目的，不仅在于形成独具特色的乡村课程，使幼儿园课程建设趋向乡土化、个性化、园本化，也有利于扩展农村幼儿的生活和学习的空间，丰富他们的生活内容、探究经验和成长经验，让他们成为乡村环境中的小主人。

要素之一:乡土与田园。整合运用丰厚的自然资源和乡土文化资源作为导向性的教育资源。针对问题，从幼儿发展需要出发，开发利用农村教育资源，形成丰富的乡土课程。支持幼儿园追随新时代美丽乡村生活，分享自然生态环境中生活与成长的快乐，揭示新时代乡村儿童本质化、传统化和现代化的特质。

要素之二:家庭与村落。卷入儿童、教师、家长、农村社区人员与乡民，共同成为课程的实施主体。他们是行走在自然田野上的课程践行者，他们奔走在农村、街道、社区与村落，既是课程的实施者，也是共同的课程受益者。

要素之三:自然与生活。课程实施追随真实的自然环境，更尊重幼儿生命中个体的自然天性，体现“儿童立场”“自然立场”与“生活立场”。让幼儿自由自在地玩泥巴、玩水、玩石头、玩树叶……在参与做豆腐、做米糕等活动过程中，感受着这些自然材料与人文民俗的魅力和特点，感受着自己的探索以及与之产生的关系，感受着春夏秋冬的自然变换对人们生活的不同影响，从小树立尊重自然、保护环境的生活态度。

四、农村幼儿园课程活动资源的课程架构

课程以综合主题的形式展开，每个主题活动包括经典教育案例，相关领域的渗透活动建议，以及适宜开展的生活拓展活动，三者之间有机整合、相互渗透、相互支撑。关注目标与活动方式对农村儿童的适宜性，以儿童体验、感受、操作、探究等直接经验的获得为主要课程路径，让乡村儿童走进自然，了解生活；感受自然，体验生活；探索自然，创造生活。乡村儿童蕴含着无限的发展可能性，他们是有能力的学习者，是主动的学习建构者，儿童的学习有 100 种。

课程理念:体现乡村生活与自然教育理念。课程是促进儿童个体与乡村文化发生链接和不断互动的过程。乡土特色资源既是知识教育资源，更是一种情感教育资源，“润物细无声”般地自然育儿童身体，博爱启其智慧，美丽润其性格。

课程目标:考虑对象的混龄特点，给出目标的层次性建议。关注乡村儿童生活经验的均衡性与适宜性，让幼儿在观察、关注、体验、探索自然的过程中，逐步体悟大自然中的万事万物，使幼儿真正能够懂自然、惜自然、爱自然、护自然，成为自然环境中

健康成长的快乐儿童，成为乡村农庄的孩童、小农人与小主人！基于“一日生活皆课程”和“游戏是基本的活动形式”的理念，关注农村儿童生活经验的均衡性与适宜性，使幼儿处在心理自由和心理安全的良好环境中，充分自主游戏与学习，健康发展与成长。

课程内容：以季节为序，以二十四节气特征为课程线索，关注内容的整合性及逻辑性，注重活动与活动之间、经验与经验之间的逻辑线和螺旋式衍生。活动内容尽量来自幼儿的生活，在真实的生活场或具有一定真实性的实习场中开展活动。活动主题既有以物质条件为中心的线性开发，如粽叶和粽子、花生、山芋、蚕等，也有以人文资源为依托的发散性开发，如清明节、端午节、元宵节、乡村建筑与道路等。

节气与传统节日丰富多彩，幼儿体验感知四季神奇的循环往复，亲自动手创设美好的环境，对节气和节日活动产生浓厚的兴趣，留下深刻的印象，获得乡村生活活动的深刻体验，更增添了对生活的热爱和激情。

课程组织形式：课程的实施基于“一日生活皆课程”和“游戏是基本的活动形式”的教育理念。每个领域以学科为主要实施载体展开综合主题活动(社会实践)，设计相应的游戏活动(户外与区域)、家园和社区的合作活动。尤其是运用了较多的户外活动场域开展自然探索与体验活动，充分发展幼儿个性化的自主游戏与学习。丰富的农村自然资源使建构活动蕴藏了更多智慧和活力，熟悉、充足的材料能引发幼儿丰富的思维活动，给幼儿带来更多的灵感和领悟。开展大量幼儿既熟悉又喜欢的颇具生活气息的户外活动和民间游戏，不仅仅促进了幼儿身体技能的协调发展，还培养了他们初步的自我保护能力、坚强勇敢的品质和合作精神。

建议教师在具体运用时，能够把握因地制宜原则，注意两个方面的视角关注。

第一，关注课程活动的层次性与自主性。考虑农村幼儿园发展水平的差异性与部分村办园的混龄特点，每一个活动主题在整体逻辑关系设计的同时考虑多种实际需求的弹性空间，每个主题提供了具体的集体教学活动案例清单供教师根据实际需求选择使用，提供层次性建议与备选素材供教师参考，同时，在领域渗透和活动拓展部分留有较大的户外实践和生活活动空间，供幼儿园与教师自主开发园本特色的课程活动。

第二，关注课程资源的乡村性和本土性。根据农村幼儿园户外活动场地大和幼儿的身心发展特点，选择许多颇具生活气息又风采各异的节气、节庆与民间游戏等活动资源，这些幼儿既熟悉又喜欢的民间风俗资源使建构活动蕴藏了更多智慧和活力，能引发幼儿丰富的思维活动，带来更多的乡村灵感和领悟。课程活动过程中真实的生活和自然环境，让农村幼儿园的课程活动充满乡村味又不失现代气息，散发出诱人的乡土自然魅力，体现生态文明之“美丽”，乡村资源之“美丽”和我的家乡之“美丽”。

本丛书的编写团队也充分体现出江苏学前教育丰富资源的整合与优化。其中，有五位特级教师带领的骨干团队，有高校与幼儿园组成的教师发展共同体团队，也有农村幼儿园基层教师，还有认真而专业的编辑人员。所有的参编人员都怀有一种共同而高度一致的教育信念，关注农村学前教育，关爱乡村儿童，为教育资源的城乡均衡发展尽一份力量。在此一并感谢由“美丽乡村”之乡村情怀、人文情怀与社会情怀引发而聚力的这支编写团队。

江苏第二师范学院 尹坚勤

2017.12

目 录

小 班

中　班

大　班

领域说明

在农村长大的孩子几乎每个人都有过这样的经历：爬到树上去看鸟窝、掏鸟蛋，因为实在是太好玩了，太吸引人了，太神秘了……那时候，广袤的农村和乡野都被树包围着，树的枝头有各种各样神奇的鸟窝。在那里，我们看到了一幅幅温馨的画面：鸟爸爸、鸟妈妈精心孵育、呵护幼鸟，鸟宝宝破壳而出、嗷嗷待哺。

今天的农村，树林已不再那么茂密，鸟窝也日渐稀少，环境遭到一定程度的破坏，导致鸟儿无家可归。鸟儿们有的选择迁移，有的遭到伤害，剩下的只能顽强地"蜗居"在不安全的鸟窝里，因为它们还有繁衍后代的责任和使命。

将寻找鸟窝作为孩子们的研究点是将农村幼儿的兴趣点引向山岗、树林、河边、田野，利用农村特有的资源让幼儿在探索中有所发现；初步了解人们的生活与自然环境的密切关系，知道尊重和珍惜生命，保护环境，这些正与《3—6 岁儿童学习与发展指南》（以下简称《指南》）中针对科学领域所提出的发展要求完全相符。因此，沿着寻找鸟窝的踪迹，孩子们将在一个又一个的惊喜中，发现一个又一个鸟窝里呈现的生命的秘密和承载的生命与人类生态平衡的秘密。

《农村幼儿园课程与资源・科学》共 18 个主题，结合一年四季及每个季节的特征，设计了丰富多彩的活动。如春天的鸟窝、野菜、豆豆、风筝，夏天有水、沙子、兔子、小鸡和小鸭，秋天的菜园、丰收的农作物，冬天的萝卜、多彩的树与生活小工具等。每个主题都是从《指南》科学领域的角度和幼儿年龄特点出发，叙述了主题来源背景，突出从乡村的天然环境和自然材料入手给予资源最佳整合的指导，关注五大领域和区角游戏的有机渗透，提供了老师们在长期实践工作中积累和提炼出来的经典案例。当然，大自然有无穷无尽的秘密，我们无法涉足齐全，旨在提供实践案例与经验分享，期待并相信老师们会结合自己的智慧、感悟、体验将之完善。

乡村大地上的奥秘在呼唤我们，乡村的孩子们跃跃欲试、欢呼雀跃，时节不容错过，还等什么？带着孩子们现在就出发吧！

小 班

主题一:奇妙的水

（小班·上）

第一部分：主题背景及目标

（一）主题背景

水不仅是幼儿生活的一部分，更蕴含着无限的教育契机，能激发幼儿探究的欲望。水是气象万千的，它在地球表面的不同形状，构成了具有不同含义的水的名称。看！那滚滚而来、奔流不息的江河，那凌空而下、一泻千里的山泉，那烟波浩渺的湖泊，那静怡清幽的池塘……大自然中千姿百态的水是引发幼儿遐想和亲近的载体。水还是灵动的，高兴的时候很温顺，生气的时候会咆哮。最让幼儿感到奇妙和不可思议的是，它会像孙悟空一样变来变去，一会儿变成美丽的雪花，一会儿变成升腾的水汽和云彩……正是水，让幼儿了解到无论植物、动物还是我们人类都离不开它，所以应该珍惜水资源。

这是一个非常有趣的主题，幼儿和水的亲密接触将贯穿整个主题的发展过程。本主题主要从好玩的水、会变的水、有用的水等方面入手进行设计。顺应幼儿喜欢水的天性，本主题首先从各种生动有趣的水游戏开始，在“运水”“吹泡泡”等游戏中，幼儿不仅体验到了游戏的乐趣，还充分感知到水会流动等特点；接下来，“会变魔术的水”等游戏则使幼儿进一步发现水的可变以及能使某些物体溶解等秘密。通过这些活动，幼儿不仅感受到生活中水的无处不在，同时也领悟到水与人们生活的密切关系。

（二）主题目标

1. 通过观察、比较、实际操作、调查等方法了解水的变化过程，激发幼儿的好奇心和探究欲望。

2. 设计玩、运、吹、喝等实践活动,帮助幼儿积累丰富的知识和经验。

3. 利用乡野的江、湖、池塘、井、山泉等水资源,激发幼儿珍惜水资源、热爱大自然和保护环境的情感。

(三) 关键经验

1. 幼儿日常生活中与水有直接的互动,知道水是流动的。

2. 知道水可以与许多材料互动,发挥其不同的作用。

(四) 核心词汇

水、溶解、冰、水蒸气、凝固、流动。

第二部分:资源准备

(一) 经验资源

1. 幼儿有过下雨天在外面玩雨水的经历。

2. 幼儿玩过和水有关的娱乐项目,体验过玩水的乐趣。

(二) 材料资源

平时注意收集各种形状的、有孔的物品,帮助幼儿认识、总结其特征。开展活动的班级需要准备照相机,帮助幼儿拍摄记录。集体记录表一张。

(三) 主题探究流程

1. 调查积累阶段。

(1) 讨论交流:在哪里见过水?玩过哪些关于水的游戏?水有温度吗?水有哪些作用?你见过的水是什么颜色的?

(2) 收集幼儿玩水的照片、视频,帮助幼儿回忆,调动已有经验。

2. 操作实施阶段。

(1) 环境布置:活动室以清爽的蓝色为主色调,收集的玩水照片布置成夏天最有趣的活动墙饰。

(2) 兴趣点:在整个主题操作过程中,可先让幼儿玩"你来猜一猜"的游戏,"吊足胃口"是科学活动的一个策略。"我们动手试一试"是验证的方法,结果与猜测是否一致，是最大的谜底。

(3) 预设问题：水是什么样的？什么颜色的？水会变吗？变成什么样子？你和水宝宝玩过哪些游戏？怎样帮助水宝宝搬家？

3. 展示总结阶段。

(1) 自己探究、与同伴交流而习得的认知最终内化成自己的学习经验。水有不同的形态、不同的颜色、不同的味道，可以根据自己的需要进行变化。

(2) 水可以与很多材料相结合，把水运用到更多有价值、有需要的地方。

(3) 回归自然，人类最终离不开水，保护水资源、节约用水是每个地球人应该、必须做的事。

第三部分：领域渗透

（一）健康领域

通过对各种水产品的粗略比较，知道淡水、海水两种不同的水环境中生长的动植物是不一样的，都含有丰富的营养，是身体生长不可缺的重要元素，从而使幼儿愿意尝试水产品食物。

（二）社会领域

观看视频、图片，知道地球上水资源缺乏的现状，了解水是人类乃至所有生物非常重要的资源。建立保护水资源的意识，知道最简单的保护水资源的方法，并知道要从自己做起，从每一个人做起，地球才会更漂亮，人们才可以生活下去。

（三）科学领域

可以以亲子游戏的形式开展，也可以是教师组织幼儿一起玩吹泡泡的游戏。准备不同形状、不同大小的泡泡器，让幼儿通过自己的操作，最终知道，无论什么样的泡泡器，吹出来的泡泡都是圆的。

（四）艺术领域

运用颜料把水变成不同的颜色。能力强的幼儿可以试着将两种颜色混在一起观察新的变化。了解中国的瑰宝——水墨画，感受水墨画的意境，愿意尝试自己动手画。

第四部分：一日活动拓展

（一）区域活动

1. 科学区。

科学区域中呈现潜水艇、谁跑得快、纸片托水等科学小实验，幼儿在此区域大胆操作、观察、记录。

2. 自然角。

准备不同颜色的水，植物的茎吸收什么颜色的水，叶子便会呈现什么颜色。

3. 美工区。

在各种颜料中加入水变成自己喜欢、想要的其他颜色。

（二）生活环节

自觉排队喝水，喝多少、倒多少。

（三）家园共育

与家长一起讨论节约用水的好办法，并相互监督，认真实施。

第五部分：资源菜单——经典案例

1. 会变魔术的水

活动目标

1. 了解白糖、橘子粉、草莓粉溶解在水里后水会变味。

2. 通过操作，感受物质在水中溶解的物理现象，鼓励幼儿将自己的发现大胆地表达出来。

3. 愿意参加实验活动，对实验操作有兴趣。

活动准备

1. 水壶、一次性透明杯子若干、标记图。

2. 白糖、橘子粉、草莓粉每组一份。

活动过程

1. 观察、尝试活动，导入主题。

● 幼儿品尝白开水。

● 教师：这是我们平时喝的水，有没有什么味道？

● 介绍：这是白开水，淡淡的，没有味道。我们每天都要喝适量的白开水，身体才会健康。

（很多幼儿不喜欢喝白开水，所以有必要在生活中经常提醒幼儿多喝白开水，让他们知道这样有利于健康）

● 请小朋友闭上眼睛，然后将白糖和水混合。

● 教师：我是魔术师，我来变魔术："摇摇摇，变变变，一二三，变！"

（用变魔术的方法能激起幼儿更大的兴趣，还可以不让他们看到教师的操作过程，避免他们操作时都按老师的方法，没有自己的探索和思考。用儿歌形式的语言实际上是让糖有溶解的时间）

● 请个别幼儿尝一尝，告诉大家水变成了什么味道。

（让幼儿尝时一定要注意卫生，每人一只杯子）

● 根据幼儿的反应再次用小勺取一点糖，放进杯子里，让幼儿观察糖到哪里去了。

● 小结：糖碰到水，就被水溶解了，眼睛看不见它了，可是用嘴巴一尝就能尝到它的甜味。

2. 探索活动：变甜甜的水。

● 交代操作要求：请幼儿每人拿一只杯子，用白糖把淡淡的水变成甜甜的水。

（提供的杯子上可以贴上不同的标记，便于幼儿在二次操作时都认得出自己的杯子，保持卫生，并提醒幼儿轻轻地拿，不要用力捏杯子）

● 教师：你刚才是怎么变的？先拿什么？然后做什么？加什么？用标记图表示出幼儿操作的过程。

（空杯子—加糖—加水—糖水；空杯子—加水—加糖—糖水）

（科学活动是为了激发幼儿探究的兴趣，科学规范的操作是幼儿学习的基础。用标记图展示两种方法，可以让幼儿直接感受到不同的顺序，同样的结果）

● 小结：真奇妙，淡淡的水中加入糖就变成了甜甜的糖水。

3. 再次探索：变不同味道的水。

● 教师：你还喝过什么味道的水？是怎么变成的？

● 出示橘子粉、草莓粉，让幼儿闻一闻、猜一猜。

教师：这是什么颜色的？猜猜这是什么？

● 教师：这是饮料粉，可以做饮料。淡淡的水中加入它们会变成什么味道呢？

（让幼儿看看、闻闻两种饮料粉颜色、气味的不同，激发操作的欲望）

● 再次操作，交流自己的发现。淡淡的水中加入它们会变成什么味道？

（提示边操作边说"摇摇摇，变变变……"的儿歌，让饮料粉有溶解的时间。教师引导幼儿仔细观察溶解的过程。在幼儿交流水变成了什么味道时，由于每个幼儿放的饮料粉量不一样，味道也不一样，有的说甜甜的，有的说粉酸酸的）

● 小结：淡淡的水中加入黄色的橘子粉，水就变成橘子味道了，酸酸的、甜甜的。淡淡的水中加入粉红色的草莓粉，就变成草莓味道了，甜甜的。

4. 活动总结。

淡淡的水中加入糖、橘子粉、草莓粉，就会变成不同的味道。

活动延伸

提供食盐、咖啡、豆奶粉等，让幼儿品尝变成各种味道的水；也可以尝试把两种饮料粉同时加入水中，观察水会变成什么颜色，品尝一下水的味道。

2. 吹泡泡

活动目标

1. 尝试用不同的材料吹泡泡，发现有洞的材料都容易吹出泡泡。

2. 愿意参与户外活动，体验成功的喜悦。

活动准备

吸管、铁丝、苍蝇拍、镂空的篓子、泡泡器、泡泡水。

活动过程

1. 开始部分。

● 教师:今天我们要玩一个“吹泡泡”游戏,看看我给你们准备了哪些材料? 这些材料能吹出泡泡来吗?

● 出示记录卡,幼儿猜想。

教师:老师还带来了一张记录卡,请大家一起来猜猜,你觉得哪些可以吹出泡泡。

● 幼儿猜测,教师记录。

2. 幼儿操作。

● 幼儿尝试、观察哪些材料可以吹泡泡。

● 请幼儿来大家分享操作后的结果,将最终实验结果统计在教师记录表上。

3. 小结与发现。

● 教师:为什么这些材料可以吹出泡泡呢? 它们有什么特点?

● 总结:这些可以吹出泡泡的材料都有共同的地方,就是它们都有洞洞,所以可以吹出泡泡来。

4. 结束部分。

● 小结:我这里还有一些吹泡泡的材料,看看它们有什么特别的地方? 他们能吹出什么形状的泡泡呢?

● 幼儿自由猜测。

3. 运 水

活动目标

1. 体验运水的乐趣,在运水的过程中感知水的特性。
2. 尝试使用不同的工具运水,在探究中知道哪些东西可以运水,哪些不可以。
3. 大胆用语言表述自己的发现,乐于尝试和思考。

活动准备

大号整理箱 6 个,玩水工具若干。

活动过程

1. 出示工具,直接导入。

● 教师:今天老师准备了许多东西,你们说说可以怎么玩。

● 幼儿动手玩水，教师介入指导。

● 总结：水会流动，还会从有洞洞的地方流出来。

2. 提出问题，寻找工具再次尝试。

● 教师：水池里的水太少了，你有什么好办法能够让水池里的水变得多一些？

● 集体讨论，结束后幼儿动手操作，教师从旁指导，拍照记录。

3. 结合照片讲评，提升经验。

● 教师：你们用了什么材料运水？把它找出来给大家看看，我们再来试一试。

● 总结：原来不是所有的材料都能运水，有的可以，有的不可以。我们把它送回家，有两个家：可以运水、不可以运水，分类摆放。

活动延伸

引导幼儿继续寻找能运水的工具，探究怎样使不能运水的工具也可以运水。

4. 水的赛跑

活动目标

1. 了解水在不同的材料上跑的速度不一样，与纸张的吸水性有很大的关系。

2. 觉得科学探究有意思，愿意在区域游戏中继续探究。

活动准备

相同尺寸大小的复印纸、宣纸、报纸。

活动过程

1. "赛跑"引入，了解游戏规则。

● 教师：你看过跑步比赛吗？几个人跑的？第一名都是跑得最快的。

● 介绍材料，请幼儿猜测水在哪种材料中跑得最快。

教师可以提供记录表，集体猜测进行记录。

2. 与幼儿共同制定赛跑规则，认真观察。

● 纸张大小一样，长短一样。

● 放在同一条起跑线上。

- 幼儿操作，观察交流。

3. 教师示范操作，揭晓谜底。

- 教师：你们刚才说了自己的发现，我也来试试，看看到底对不对。

4. 集体记录，巩固实验结果。

活动延伸

收集不同材质的纸张，继续在科学区进行探究。

主题二：幼儿园的柿子树

（小班·上）

第一部分：主题背景及目标

（一）主题背景

幼儿园里种植了好几棵柿子树。春天长出绿叶、开花；夏天花落结出了小柿子；秋天柿子树上的叶子逐渐变黄，绿绿的柿子也慢慢地长大、成熟，最后又大又红的像灯笼似的柿子挂满了柿子树；冬天来临时，树叶渐渐凋落，但枝头上的红灯笼依然勇敢地挂在枝头。

柿子树的种种变化深深地吸引着孩子们，特别是秋天，孩子们每天散步的时候路过柿子树时，把落在地上的树叶捡起来当小扇子；看着树上红彤彤的柿子，想采摘下来品尝。等到柿子采摘日，孩子们带着小筐子、小篮子来到柿子树下，在教师的帮助和保护下爬上梯子亲手去采摘期待已久的柿子。孩子们把摘下的柿子运回教室，分一分，尝一尝。通过自己的劳动尝到甜甜的柿子，孩子们感到无比开心。

《指南》指出，幼儿的科学学习是在探究具体事物和解决实际问题中，尝试发现事物间的异同和联系的过程。因此，引导幼儿关注和了解果树与我们生活的密切关系，逐渐懂得热爱、尊重、保护大自然是很有教育价值的。

（二）主题目标

1. 通过观察、比较、操作、调查等方法，了解柿子树的生长过程，激发幼儿的好奇心和探究欲望。

2. 设计养护、采摘、品尝、制作等实践和生活活动，帮助幼儿积累丰富的感性知识和经验。

3. 运用幼儿园、小区、社区的柿子树以及水果市场的柿子和柿饼等资源，培养幼儿热爱生命、热爱大自然的情感。

（三）关键经验

1. 充分感知柿子的内外部主要特征，知道柿子的营养价值以及吃水果时的注意事项。

2. 通过品尝初步了解柿子的味道，感知其生长成熟过程。

（四）核心词汇

柿子树、柿子树叶、柿子、观察、记录、变化、对比、测量、数据、表格。

第二部分：资源准备

（一）环境资源

1. 幼儿园有柿子树。

2. 幼儿和家长、教师一起收集材料，制作不同的有关柿子主题的作品，共同参与“幼儿园的柿子树”主题环境布置，呈现幼儿的作品。

（二）材料资源

1. 搜集有关柿子树的资料以及有关柿子树的绘本。

2. 做一张调查表，记录柿子树每周的生长变化。

3. 教师提供幼儿在观察及环境创设等过程中可能需要的工具，如：记录本、记录笔、图片资料、胶带等，并且放在幼儿拿取方便的地方，便于幼儿在操作过程中及时找到自己需要的工具材料。

（三）主题探究流程

1. 第一阶段：调查积累阶段。

(1) 家长问卷调查：幼儿在家品尝过柿子及其做成的食品吗？

(2) 活动室内：出示各种形状和种类的柿子，和幼儿一起观察柿子的特征。

2. 第二阶段：操作实施阶段。

(1) 秋天到了，幼儿园的柿子逐渐成熟了，柿子的外形特征、种类，吃柿子的方法,柿子的营养价值,摘柿子的活动等无不蕴含着教育契机,把握契机带领幼儿开展一系列的活动。

(2) 带幼儿来到柿子树下观察柿子树的变化。

(3) 观察不同形状和颜色的柿子,有的柿子树上的柿子是圆圆的、红红的,有的却是椭圆的、黑黑的,还有的是锥形的、红红的,这些不同颜色和形状的柿子味道会一样吗?

(4) 在教师的帮助和保护下,采摘一些柿子回到班级。

(5) 和幼儿一起实践并品尝。

3. 第三阶段:边提问,边展开总结。

(1) 柿子树到了秋天有什么样的变化?

(2) 柿子树上的柿子有哪些形状和颜色?

(3) 柿子由哪些部位组成?

(4) 怎样把硬硬的柿子变软?

(5) 柿子有哪些营养价值?

第三部分:领域渗透

(一) 健康领域

向幼儿介绍柿子的营养价值,同时让幼儿知道空腹时不能吃柿子等注意事项。

(二) 语言领域

卖柿子。

师幼推选一个卖柿子的幼儿,边说儿歌“柿子红、柿子黄,柿子柿子甜如糖”,并提着小篮子问其他幼儿:“你要买柿子吗?”被问的幼儿回答:“你的柿子甜不甜?”卖柿子的幼儿回答:“很甜,很甜,你要买几个?”被问的幼儿说出想买的数量(1—5 之间),卖柿子的幼儿给出相应的个数。互换角色再次进行游戏。

(三) 艺术领域

1. 美工做柿子。

幼儿选择合适的彩泥颜色,用团圆的方法做柿子的造型,最后把做好的柿子贴到事先做好的柿子树上。

2. 亲子活动:柿子造型。

选择一个硬柿子,利用各种材料把柿子装扮成小动物的造型,并带到班级进行展示。

第四部分:一日生活拓展

(一) 学习环境

墙面记录。

在活动室墙面创设一块记录墙,将幼儿的观察记录及照片进行展示,记录下柿子树一年四季的变化,特别是夏秋季节柿子由小小的果实慢慢长大,颜色渐变的生长过程。

将柿子树四季树叶由小嫩芽慢慢长大,变绿再变黄,最后离开柿子树妈妈的变化图片以及小柿子逐步长大变化的图片进行展示,增加小朋友对柿子树的系统认识。

(二) 区域环境

1. 阅读区。

展示《阿松爷爷的柿子树》《老虎怕柿子》《红红的柿子树》《柿树挂满红灯笼》等绘本,增加幼儿对柿子树及其果实特征的了解。

2. 科学区。

将搜集到的柿子树的树叶,以及收获的柿子展示在自然角内,让家长带着孩子一起用柿子做各种造型,放在自然角进行交流展示。

(三) 生活环节

将与柿子形状相似的西红柿、橘子和柿子进行对比,比较它们味道的不同,了解它们的营养价值。了解柿子性凉,不能空腹吃,也不能多吃,否则容易伤胃。

(四) 家园共育

家长和孩子一起收集一些关于柿子的资料;和孩子一起分享关于柿子以及柿子树的绘本,让孩子了解柿子的营养价值;了解柿子可以做成哪些美味的食品,并一起品尝柿子食品。

第五部分：资源菜单——经典案例

1. 多彩的柿子树

活动目标

1. 通过观察、比较，了解柿子树的特征。

2. 会用较完整、连贯的语言讲述自己对柿子树的认识。

3. 乐意亲近柿子树，感受秋天树叶变色、挂满果实的美。

活动准备

园内的柿子树、小篓子、小桶。

活动过程

1. 师幼共同来到柿子树下，观察柿子树的主要特征。

● 教师：秋天到了，我们幼儿园的果树上都结满了果子，你们看看我们附近都有哪些水果树呢？我们今天要观察的这棵是什么水果树呢？

2. 观察树叶和果实。

● 捡拾地上的落叶，观察落叶的颜色和形状。

● 观察柿子果实的颜色以及形状，比较它们的不同。

有的柿子是锥形的，我们叫它“锥形柿子树”；有的柿子是黑色的，我们叫它“黑柿子树”，有的柿子是圆形的，我们叫它“圆柿子树”。

3. 观察柿子树叶，了解柿子树的过冬方式。

● 观察落在地面上的柿子树叶。

教师：树叶纷纷离开了柿子树妈妈的怀抱，过段时间柿子树会变成什么样子呢？

● 小结：像柿子树这样到了秋冬季节就落叶的树叫作落叶树，它们用这种方式度过寒冷的冬天。

4. 请幼儿把捡到的树叶带回班级做树叶拼贴画。

2. 柿子宝宝

活动目标

1. 学习运用各种感官感知柿子的主要特征和柿子的味道。
2. 愿意参加观察柿子的活动,学习用语言讲述自己的发现。
3. 品尝柿子,体验分享的快乐。

活动准备

每组一个筐,内装与本组幼儿人数相等的柿子。

活动过程

1. 猜谜语引起幼儿的兴趣。

● 教师:身体圆圆没有毛,不是橘子不是桃。云里雾里过几夜,脱去绿衣换红袍。你们知道是什么水果吗?

2. 感知柿子的外形特征。

● 看一看:柿子是什么颜色的? 什么形状的?

● 摸一摸:柿子摸上去是什么感觉? 与橘子比有什么不一样呢?

● 闻一闻:柿子是什么味道的? 袋子里有柿子和橘子,通过闻味道你能找出柿子吗?

3. 感受柿子的内部特征。

● 教师把柿子剖开,请幼儿观察柿子的内部特征。

● 已经熟了的柿子,我们可以怎样打开呢?

鼓励幼儿大胆尝试,教师进行指导。

4. 大家共同品尝甜甜的柿子。

活动延伸

柿子可以做成哪些好吃又有营养的食物呢? 请家长带着孩子去超市里找一找柿子做成的食品。

3. 水果宝宝的聚会

活动目标

1. 运用各种感官比较各种水果的不同特征。
2. 通过摸、看、闻、尝的方式了解不同的水果，并学会用语言表达。
3. 乐于参与和水果宝宝一起玩的游戏活动，体验分享合作的乐趣。

活动准备

1. 神秘口袋，苹果、柿子、橘子若干。
2. PPT 图片、记号笔、记录表、《找朋友》音乐。

活动过程

1. 导入活动。

● 教师：秋天有许多好吃的水果，你们喜欢吃哪一种水果呢？今天老师也带来了几种水果，它们就藏在我的神秘口袋里，谁愿意到口袋里摸一摸这些水果宝宝，猜猜它们是谁。摸到水果的小朋友要说出水果的名字哦！

2. 幼儿通过各种感官认识水果的特征。

● 教师：请你们看看盘子里有几种水果？你最喜欢哪一种水果？

● 摸一摸它们的外皮，有什么感觉呢？闻一闻这几种水果是什么味道的。

● 打开这三种水果，比一比内部结构有什么不同。

● 尝一尝，看看吃起来味道有什么不一样的地方。

教师根据幼儿从外到内的观察进行记录，以便幼儿直观地了解三种水果的不同之处。

3. 借助 PPT 图片展示三种水果做成的食品图片，并进行配对。

● 教师：老师这里有很多好吃的食品，你们来看看它们是用什么水果做成的。连正确电脑就会说“你真棒”，连错了电脑就会说“加油哦”，你们来试试看吧！

4. 结束活动。

播放《找朋友》的背景音乐，音乐停止时相同“水果”做成的“食品”抱在一起。

4. 水果丰收了

活动目标

1. 能正确区分柿子和橘子,并能准确地分类。
2. 通过观察、比较,找到水果的排列规律,并尝试按规律排列。
3. 乐于参与排列活动,体验游戏的乐趣。

活动准备

柿子、橘子人手一个,包装礼盒两个,柿子和橘子头饰各一个。

活动过程

1. 导入活动。

● 教师:小朋友们,秋天到了,幼儿园很多果树都结满了果子,你知道幼儿园的果树上都结了哪些水果吗?

● 教师:你们椅子背后的口袋里也有从果树上摘下的果子呢,你们摸一摸,看一看它们是谁,然后帮水果宝宝找找它们的家。

2. 观察水果礼盒里的水果排列规律,尝试把水果按规律装盒。

● 教师:超市里的叔叔听说幼儿园的水果丰收了,想运一些到超市里去卖,让更多的人能品尝到我们的水果。

● 出示礼盒图片,观察水果的装盒规律。

幼儿按礼盒上的排列规律进行水果的排列装盒,教师进行适当的指导。

3. 结束活动。

随着音乐响起,幼儿戴上水果头饰按规律进行排队。

主题三：萝卜真好

（小班·上）

第一部分：主题背景及目标

（一）主题背景

萝卜是人们入冬以后常吃的一种家常蔬菜。常言道："冬吃萝卜夏吃姜，不劳医生开药方。"萝卜正因为有此独特的滋补药用价值，加上其味道微甜、清香，还可以多种形式烹饪，深受孩子们的喜爱。

不同品种的萝卜在大小、颜色、外形等方面有不同的特征。萝卜的诸多异同，一方面增加了活动的操作性、趣味性，另一方面为小班年龄段的幼儿参与科学探究萝卜的活动提供了可能。

9 月中上旬，也是小班幼儿刚入园不久的这个时间段，在幼儿园的小小种植园地里，教师带领幼儿走进种植园地，播种萝卜籽。在萝卜生长期间，教师定期带领幼儿浇水、除草、捉虫，细心管理着这块萝卜地。在管理的过程中，幼儿通过观察和记录，发现了萝卜生长的全部秘密，从发芽—长出叶子—叶子长大—萝卜的出现—收获萝卜，幼儿全程参与、感知、体验，充满乐趣。

（二）主题目标

1. 通过观察、比较、操作、调查等方法，了解萝卜的生长过程，激发幼儿的好奇心和探究欲望。

2. 设计播种、养护、拔草、收获等实践活动，帮助幼儿积累丰富的感性知识和经验。

3. 培养幼儿热爱劳动、喜欢动脑动手、热爱大自然的品质。

（三）关键经验

1. 感知萝卜的内外部主要特征，知道在萝卜大家族中有各种各样的萝卜。

2. 通过品尝，初步了解白萝卜、红萝卜、胡萝卜等萝卜的味道，感知萝卜的奇妙。

（四）核心词汇

种植园地、萝卜、种植、管理、观察、萝卜叶子、萝卜肉。

第二部分：资源准备

（一）环境资源

1. 和家长一起经常去观察萝卜的生长过程。

2. 幼儿和家长、教师一起收集材料，制作不同的有关萝卜主题的作品，共同参与有关萝卜主题的环境布置，将幼儿的作品展示出来。

（二）材料资源

1. 萝卜及种植园地一块。

2. "萝卜生长情况"调查表（可以用文字或者图记录）。

萝卜生长情况调查表

时 间				
萝卜生长情 况				

3. 教师提供孩子们在种植观察及环境创设等过程中可能需要的各种工具，如：记录笔、剪刀、小桶、铲子、胶带等，并且放在幼儿拿取方便的地方，便于幼儿操作过程中及时找到自己需要的工具和材料。

（三）主题探究流程

1. 第一阶段：调查积累阶段。

(1) 家长问卷调查：孩子在家有没有品尝过萝卜？孩子能认识哪几种萝卜？

(2) 种植园地：保育员老师事先将班级的一块地进行平整，准备洒水壶若干把。

(3) 活动室内:欣赏视频,和幼儿一起观察萝卜种子的特征,了解萝卜生长过程。

2. 第二阶段:操作实施阶段。

(1) 第一次园地种植。幼儿和教师一起观察种植园地的情况,并将种子播撒在土地上,教师提醒幼儿撒种子的时候不要太密,每个种子都要有一个舒服的空间。种子播撒结束,教师提醒幼儿种子要发芽还需浇水。出示洒水壶,幼儿给种植园地的种子浇水。除了浇水,萝卜还要晒晒太阳,这样才能长大。

(2) 第二次集体观察。提问:我们种植园地的萝卜种子有没有发生变化?长成什么样子啦?想不想一起去看看?到种植园地,找一找自己播撒的种子在什么地方?种子的小芽长成什么样子了?教师根据幼儿的回答在大记录表上用绘画的形式进行记录。再看看萝卜地里有没有杂草,如有,将杂草拔掉。最后给萝卜小苗浇水,带着记录表回到班级,展示在活动室内。

(3) 第三次(四次、五次……)带领幼儿走进种植园地,观察萝卜苗的变化,教师根据幼儿的描述进行绘画记录。如有条件可以采摘一片叶子进行封塑保留,让幼儿对比观察,发现萝卜叶子的变化。给萝卜地拔草、浇水。将记录单带回班级,继续放在活动室内,供幼儿平时观看交流。

(4) 收获萝卜。寒冷的冬天来了,我们种植园地的萝卜也成熟了,教师带领幼儿一起收获萝卜。幼儿来到种植园地感受萝卜成熟的场景,商讨怎么把萝卜从土里面弄出来。幼儿自行分组,在教师带领下收获萝卜,比比哪个方法最好。将收获的萝卜部分放到班级自然角,部分送到食堂。

(5) 品尝萝卜。和食堂联系,将萝卜做成汤,给幼儿品尝。

3. 第三阶段:展示总结阶段。

(1) 萝卜生长在什么地方?它的生长需要什么条件?

(2) 萝卜种在地里面以后是怎么长大的?(借助每次的观察记录及照片)

(3) 你喜欢吃萝卜吗?问问爸爸妈妈萝卜可以怎么吃?

第三部分:领域渗透

(一)健康领域

创设情境,幼儿进行体育锻炼。布置场地,设置不同的进入萝卜地的道路,幼儿种植萝卜、浇水、施肥,最后收获萝卜(教师和幼儿可以事先准备好玩具或真萝卜若干)。在活动过程中,教师以兔妈妈、幼儿以小兔子的角色贯穿于整个游戏之中。

(二) 语言领域

念儿歌:小白兔,白又白,两只耳朵竖起来,爱吃萝卜和青菜,蹦蹦跳跳真可爱。

(三) 科学领域

点数萝卜(5 以内):每组桌上有什么? 有几个萝卜? 手口一致点数,说出总数。大家一起数一数,一共有几个萝卜?

(四) 艺术领域

1. 萝卜涂色。

请幼儿用油画棒、水粉、粘贴等不同的方法给萝卜穿上漂亮的衣服。例如,可以在画好的萝卜轮廓内用彩色的皱纹纸粘贴等等。

2. 萝卜丰收了。

教师准备一张大白纸,和幼儿一起在白纸上印画或添画萝卜。

3. 音乐和动作。

表演《拔萝卜》(歌曲及儿童剧表演)。

第四部分:一日生活拓展

(一) 学习环境

在活动室墙面创设一块记录墙,将幼儿的观察记录及照片进行展示,记录下萝卜的生长过程及幼儿在其中的发现。

(二) 区域活动

将收集来的不同萝卜的图片进行展示,增加幼儿的兴趣。

1. 阅读区。

可以收集有关萝卜的绘本,了解这些萝卜的特征,生活环境。可以通过绘本,感知围绕萝卜发生的一些有趣的事情。

2. 自然角。

将部分收获的萝卜展示在自然角内。通过水养或盆栽的方式种植南京特产洋花萝卜。

3. 科学角。

提供塑料道具、杵臼等材料，让幼儿探究萝卜的秘密。

（三）生活环节

我们吃的是萝卜的什么部分？你们知道可以怎么吃？不同的萝卜味道一样吗？食堂准备萝卜汤、红烧萝卜、凉拌萝卜丝，可以在幼儿午餐的时候让幼儿品尝。（不放在一天）

（四）家园共育

1. 家长和幼儿一起收集关于萝卜的资料，一起研究，和幼儿一起分享关于萝卜的绘本、书籍，制作萝卜菜肴和幼儿一起品尝；有条件的家庭，家长可以和幼儿一起种植萝卜，观察、记录（表格和照片均可）萝卜的生长过程。

2. 将幼儿对萝卜的疑问用文字的方式展示出来，请幼儿回家和家长一起寻找答案，第二天带到幼儿园和其他幼儿进行分享。家长还可以和幼儿一起用图文并茂的形式进行绘画，让其他的幼儿能够自主“阅读”，寻找答案。

第五部分：资源菜单——经典案例

1. 小小洋花萝卜作用大

活动目标

1. 认识洋花萝卜，知道其主要特征。
2. 通过观察、交流、品尝，了解洋花萝卜的特点。
3. 愿意把自己的观察发现讲述出来，并喜爱洋花萝卜。

活动准备

1. 洋花萝卜、记录纸、刀、兔妈妈的标志牌。
2. 人手一个干净的洋花萝卜。

活动过程

1. 导入:认识洋花萝卜。

● 出示洋花萝卜。

● 介绍洋花萝卜的名字。

2. 观察洋花萝卜,感知其外形特征。

● 教师:洋花萝卜是什么样子的?

● 通过观察,了解洋花萝卜的根和叶。

● 通过摸一摸、看一看、闻一闻,发现洋花萝卜更多的特征。

● 小结:洋花萝卜的皮是红颜色的,摸起来滑滑的,长着扁圆的身体,它的顶上长着绿绿的、长长的叶子,还有一条像小尾巴似的细细的根呢!

3. 品尝洋花萝卜。

● 幼儿品尝生洋花萝卜。

● 幼儿讲述自己品尝中的发现。

4. 介绍洋花萝卜的营养及对人身体的好处。

● 教师:其实洋花萝卜最喜欢春天,这个季节它生长得最快,味道最好。

● 总结:洋花萝卜有很多种吃法,可以做汤、凉拌、红烧。我们也可以让爸爸妈妈做一些洋花萝卜的菜,看看吃起来有什么不一样的感觉。

活动延伸

回家让妈妈做一道洋花萝卜的菜肴。

2. 红萝卜和白萝卜

活动目标

1. 认识常见的红萝卜和白萝卜,初步了解萝卜的外形特征。

2. 通过观察、猜测、验证,了解萝卜外部颜色与内部颜色的关系,并尝试用颜色标记进行记录。

3. 愿意尝试有关萝卜的探索活动,感受发现的惊奇与快乐。

活动准备

红萝卜、白萝卜若干,大记录单一张,凉拌萝卜丝等。

活动过程

1. 教师引导幼儿每人取一个萝卜观察,导入活动。

2. 了解萝卜的外形特征。

● 教师:你们的萝卜是一样的吗?谁来告诉大家你的萝卜是什么样子的?

● 总结:原来萝卜是各种各样的,它们的颜色不同,形状、大小也不一样。

● 根据箩筐上所贴的图片,幼儿将手中的萝卜放入相同颜色的萝卜筐中。幼儿边送边说:×(颜色)萝卜宝宝,我来送你回家。

3. 幼儿猜测、记录,教师验证,感知萝卜外部颜色与内部颜色的关系。

● 选择白色萝卜,请幼儿猜测白萝卜里面是什么颜色,教师切开进行验证。

● 幼儿猜测红萝卜里面的颜色,先请幼儿想一想:你觉得里面是什么颜色的呢?教师再切开萝卜进行验证。

4. 品尝凉拌萝卜丝。

● 说说萝卜做成的食品。

● 品尝萝卜丝,说说是什么味道。

活动延伸

和保健老师联系,中午请幼儿品尝萝卜烧排骨或萝卜汤。

3. 水果萝卜的秘密

活动目标

1. 认识水果萝卜,知道其外形特征。

2. 通过简单的实验,知道水果萝卜的表面和内部有的一样,有的不一样。

3. 通过品尝萝卜,了解萝卜对人身体的好处。

活动准备

水果萝卜、记录单、刀。

活动过程

1. 创设情境导入。

- 教师:今天,兔妈妈给我们送来了一样礼物,看看是什么?

2. 通过猜测和观察,感知水果萝卜的外形特征。

- 教师:水果萝卜是什么颜色的?猜一猜切开之后里面会是什么颜色呢?

幼儿猜测,教师记录。

- 教师:萝卜切开了,里面是什么颜色?

切开水果萝卜共同验证。

- 小结:原来水果萝卜切开以后有的是紫红色的,有的是绿色的。

3. 品尝萝卜。

活动延伸

水果萝卜不仅洗干净就可以吃了,而且还可以凉拌。家长在家可以跟孩子一起品尝水果萝卜,增加孩子对水果萝卜的认识。

4. 萝卜世界很精彩

活动目标

1. 初步认识胡萝卜的主要特征,知道胡萝卜是萝卜大家族中的一员。
2. 尝试运用多种感官观察和认识不同的萝卜。
3. 乐意参加有关萝卜的探究活动,能大胆表达自己的想法。

活动准备

各种蔬果、各种各样的萝卜。

活动过程

1. 幼儿观察各种蔬果,并从中挑选出萝卜(红萝卜、白萝卜、洋花萝卜、水果萝卜、胡萝卜)。

- 教师出示各种蔬果,幼儿每人挑选一个萝卜。

- 教师与幼儿共同鉴别:我们挑选的是否是萝卜呢?

2. 幼儿观察胡萝卜,了解胡萝卜的基本特征。

- 教师:哪些小朋友拿到的是胡萝卜?你手里的胡萝卜是什么样子的?
- 教师:你们知道胡萝卜里面是什么样子的吗?
- 师幼共同观察胡萝卜的内部结构和果肉的颜色。

3. 幼儿品尝萝卜,感知不同萝卜的味道。

- 教师:你吃到的是什么萝卜?感觉怎么样?

4. 游戏"认一认":进一步感受萝卜的主要特征。

活动延伸

请家长带领孩子走进菜场,一起找找各种各样的萝卜。

主题四：可爱的小鸡和小鸭

（小班·下）

第一部分：主题背景及目标

（一）主题背景

小鸡和小鸭是鸡、鸭的幼崽，是农户们饲养的最普遍的家禽。它们喜食菜叶和肉虫子、谷物。在日常生活中，人们通常从春天开始孵育小鸡小鸭。刚出生的小鸡小鸭，长得犹如毛球一般大小，绒绒的，很是可爱。而且因为鸡鸭体型较小，没有攻击性，也不会咬人，所以，在鸡鸭没有传染病的前提下，可以在幼儿园内饲养。

根据不同的季节和《指南》的相关要求，幼儿可以在几个月的时间里，很明显地观察到小鸡小鸭的各种变化：比如羽毛的颜色，身形的变大，还有食量的增加。教师和幼儿可以在一段时间里了解动物的生活习性和饮食习惯，记录它们的成长和变化。

（二）主题目标

1. 通过观察、比较、操作、调查等方法了解小鸡小鸭的生长过程，激发幼儿的好奇心和探究欲望。

2. 设计饲养、喂食、看护等实践活动，帮助幼儿积累丰富的感性知识和经验。

3. 运用养鸡鸭的农场、鸡鸭的窝、池塘、幼儿园的养殖区等资源，培养幼儿热爱生命、喜欢小动物、热爱大自然的情感。

（三）关键经验

1. 引导幼儿喜爱动植物和身边环境。

2. 帮助幼儿学用多种感官感知物体的外部特征；帮助幼儿学会用目测等简单方

法比较物体的形状、大小及其他明显特征；引导幼儿用词汇或句子说出事物的特征或自己的发现。

3. 引导幼儿观察周围常见的自然物的特征，获得一定的科学经验，初步了解它们与自己生活、周边环境的关系。

（四）核心词汇

家禽、小鸡、小鸭、变化、观察、记录、表格、测量、数据。

第二部分：资源准备

（一）经验资源

幼儿在家或者生活的周边环境中看见过家禽，如鸡、鸭，能够辨认它们。

（二）材料资源

在幼儿园的空地，准备一个适宜大小的鸡舍鸭舍，养育小鸡小鸭十只左右，供幼儿共同观察和养育。在圈养鸡舍的旁边，可以开辟一块菜地，种植小鸡、小鸭爱吃的谷物和叶菜植物。准备一些工具，如剪刀(用来剪菜叶)、铲子(用来翻土、种菜、挖蚯蚓)。准备一个工具箱，用来分门别类存放主题中需要的材料。各班级一本大的集体记录本、一个相机，设计记录表。

（三）主题探究流程

1. 调查积累阶段。

(1) 观察与发现：幼儿用感官接触小鸡小鸭，说说自己的发现。

(2) 主题讨论：你知道什么？你还想知道什么？

(3) 收集与交流：利用调查表、照片、活动与幼儿对话交流并记录在笔记本上。

2. 操作实施阶段。

(1) 布置环境：利用大的皮纹纸，采用一月一张的记录方式贴在空白墙面，形成过程记录墙。这也可以是装饰环境的一种方法。

(2) 展示台：小鸡小鸭的模型，幼儿手工制作的模型，小鸡小鸭的图片、书籍、绘本资料。教师和幼儿的操作记录(用图片方式形成流程图展示出来)。

(3) 兴趣点：小鸡小鸭的外形特征，小鸡小鸭吃食的状态，小鸡小鸭生活的地方。

(4) 预设问题:小鸡长什么样子?小鸭长什么样子?它们吃什么?它们有什么相同的地方?它们有什么不同的地方?它们是谁的孩子?……

3. 展示总结阶段。

(1) 调查表:教师可以根据自己的需要进行更改和创新。

可爱的小鸡小鸭

我观察的是	头	羽毛	爪子
……			

(2) 成果:见环境布置墙。

(3) 总结经验:教师预设的问题和幼儿自己发现的问题和解答。

小鸡小鸭的样子有什么变化?你记住了什么?你对什么感兴趣?你还想了解什么?

你在观察它们的时候,有什么感觉?

第三部分:领域渗透

(一) 科学领域

1. 了解小鸡小鸭的来源。

观察小鸡小鸭的体态,分析它们的特点。因为有了切身的观察记录,所以可以在教师帮助下总结。可以尝试去摸摸它们,感受它们的体温,摸摸他们的羽毛,近距离观察它们的眼睛、鼻子、嘴巴、翅膀,总结它们的外形特征,并且试着区分它们。

2. 利用观察到的数据,进行分析和总结。

如小鸡和小鸭的不同点;对小鸡身高进行测量,在周期内分析数据的变化。再量一量我们自己的身高,跟以前的自己进行比较,或跟刚出生时的自己进行比较。

(二) 健康领域

在饲养小鸡小鸭的过程中,分析它们喜欢吃的食物,并记录下来。这时,可以总结自己在日常生活中的食物种类,记录自己的身高体重。

（三）社会领域

在知道家禽和人类的关系后，对市场中的家禽销售进行调查。教师用统计表的形式进行记录并展示给幼儿看。

（四）艺术领域

利用绘画形式记录小鸡小鸭的形象。用不同的形式表达自己对它们的认识，如照片、绘画、素描等。

（五）语言领域

利用文学作品，或者小鸡小鸭的绘本进行语言活动。

第四部分：一日生活拓展

（一）学习环境

开辟出教室里的一个区域，区域里的主题就是“可爱的小鸡和小鸭”。

（二）区域活动

1. 美工区。

教师可提供各种材料，供幼儿自由创作小鸡、小鸭形象。

2. 阅读区。

阅读区放置关于小鸡、小鸭的绘本，供幼儿自主阅读。

（三）生活环节

在中午或下午时间段，带领班级幼儿或小组幼儿去鸡舍鸭舍喂养小鸡小鸭，说说喂了哪些食物，分别是什么，它们喜欢吃的是什么。

（四）家园共育

幼儿可以和家长一同照料小鸡小鸭，周末可以把小鸡小鸭带回家养。

第五部分：资源菜单——经典案例

1. 可爱的小鸡(户外)

活动目标

1. 近距离观察小鸡并了解小鸡的明显特征。
2. 观察小鸡的外形并运用语言描述自己的发现。
3. 愿意参与亲近小动物的活动，多感官探索事物。

活动准备

1. 教师准备六只小鸡，天气晴朗时带着幼儿、相机和地垫到鸡舍参观。
2. 幼儿穿着适宜户外活动的衣服和鞋子。
3. 在室内认识过小鸡的图片，读过关于小鸡的绘本。

活动过程

1. 带领幼儿参观鸡舍。

● 教师：我们今天要去观察小鸡，到了小鸡的家，安静，我们要用眼睛去看小鸡。

2. 组织幼儿有序到户外，然后三位老师分组带领三组幼儿在鸡舍边上仔细观察小鸡。幼儿在观察小鸡的时候，教师在一旁照相。

● 教师：小鸡长什么样？它的头上有什么？它的身上有什么？它的脚长什么样子？（注意幼儿在户外的安全，控制时间，防止幼儿过于兴奋）

3. 组织幼儿在鸡舍旁坐在地垫上，进行五分钟回顾。

● 教师：你看见了什么？你看见小鸡在做什么？你想说什么？

活动延伸

结合关于农场的绘本，在过渡时间组织部分幼儿阅读。

教师可以将活动的照片贴在学习区域里，在幼儿自主活动时，教师可以倾听幼儿在该区域里的交谈，并记录下幼儿说的话，作为成长记录。

2. 可爱的小鸭(户外)

活动目标

1. 近距离观察小鸭并了解小鸭的明显特征。
2. 观察小鸭的外形并运用语言描述自己的发现。
3. 愿意参与亲近小动物的活动,多感官探索事物。

活动准备

1. 教师准备六只小鸭,天气晴朗时带着幼儿、相机和地垫到鸡鸭舍参观。
2. 幼儿穿着适宜户外活动的衣服和鞋子。
3. 在室内认识过小鸭的图片,读过关于小鸭的绘本。

活动过程

1. 带领幼儿参观鸭舍。

● 教师:我们今天要去小鸭的家,我们还是要安静,要用眼睛去仔细看。

2. 组织幼儿有序到户外。三位老师分组带领三组幼儿在鸭舍边上仔细观察小鸭。

● 教师:你看见了什么? 小鸭长什么样? 它的头上有什么? 它的身上有什么? 它的脚长什么样子?

3. 组织幼儿在鸭舍旁坐在地垫上,进行五分钟回顾。

● 教师:你看见了什么? 你还看见了什么? 你看见小鸭在做什么? 你想说什么?

活动延伸

结合关于农场的绘本,在过渡时间组织部分阅读。教师可以将活动的照片贴在学习区域里,在幼儿自主活动时,老师可以倾听幼儿在该区域里的交谈,并记录下幼儿说的话,作为成长记录。

3. 鸡妈妈找小鸡

活动目标

1. 能够区分小鸡小鸭,说出它们各自的特征。

2. 大胆表述，用语言表达自己的见解。

3. 积极参与，表现主动。

活动准备

1. 小鸡图片、小鸭图片、鸡妈妈头饰。

2. 幼儿已经参观过鸡舍和鸭舍。

活动过程

1. 出示小鸡和小鸭在一起玩的图片让幼儿观察。

● 教师：小鸡和小鸭在草地上捉虫子，请你们把小鸡、小鸭找出来。

● 请幼儿指认图上哪些是鸡宝宝。

2. 教师装扮成鸡妈妈出场，告诉幼儿鸡妈妈要找自己的宝宝。

● 教师：我是谁啊？我来找自己的宝宝。我的宝宝是谁啊？请你们帮忙把鸡宝宝找到送给我。

● 幼儿可以把自己找到的鸡宝宝图片交给老师。

● 教师：仔细看，小鸡和小鸭长得不一样呦！

3. 幼儿总结小鸡和小鸭的区别。

● 小鸡的嘴巴是尖尖的，小鸭的嘴巴是扁扁的。

● 小鸡的爪子没有蹼，小鸭的爪子有蹼。

● 小鸡不喜欢游泳，小鸭长结实了就喜欢游泳。（如果游泳的知识点没有幼儿说出来，可以放在延伸中，出示小鸭游水的图片起到点睛的作用）

4. 出示不同羽毛的鸡的图片，让幼儿选择，说出自己的喜好，并且介绍自己喜欢的鸡的外形特征。

● 教师：你喜欢的小鸡长什么样？

活动延伸

结合《我爱我的小动物》，学唱歌曲，唱出小鸡和小鸭的叫声。

4. 它们吃什么

活动目标

1. 知道鸡鸭也需要食物。

2. 能够区分鸡鸭各喜欢吃什么。

3. 愿意参与喂食投食的活动。

活动准备

1. 准备几种鸡鸭喜欢吃的食物,如麦仁、稻谷、菜叶等。

2. 幼儿也可以从家中带青菜来园,尝试给小鸡小鸭吃。

活动过程

1. 教师先调查了解小鸡小鸭的生活习性,可以通过网络下载一些图片。

● 教师:你们每天要吃饭菜才能长身体,小鸡小鸭也要吃饭。你知道小鸡小鸭吃什么吗?

● 可以请幼儿根据自己的经验说一说。

2. 方法一,教师带领幼儿到鸡鸭舍看看小鸡小鸭正在吃什么。

教师:它们在吃什么啊?

3. 方法二,看科普节目。

通过科普介绍,知道小鸡小鸭的食物是什么。

4. 现场直接尝试给小鸡小鸭喂食,观察小鸡小鸭吃食的方法。

● 教师:你喂了哪些食物?小鸡吃了还是小鸭吃了?

如果是现场喂食,请教师做好安全管理工作。

5. 教师可以将谷物食物分类,放在主题学习区域中,让幼儿管理,可以在生活环节参与到养殖活动中。

活动延伸

结合自己的一日三餐,幼儿进行回顾和统计,教师带领幼儿们一起统计午餐。

5. 它们长大了

活动目标

1. 参与到小鸡小鸭的成长过程中,明白它们每天也在长大。

2. 运用观察、目测等方法确认小鸡小鸭的成长。

3. 喜欢并爱护园里养殖的小鸡小鸭。

活动准备

1. 准备测量工具，如自制的“测量尺”，定期进行记录。

2. 幼儿运用目测和感官，说出小鸡小鸭比较大的变化，如羽毛的颜色、身形的变化等。

活动过程

1. 带领幼儿定期观察小鸡小鸭，并做好记录。在日复一日的观察活动中，幼儿会发现小鸡小鸭的变化。

● 教师：你观察的小鸡小鸭有什么变化吗？请你说一说。

2. 将小鸡小鸭以前的照片和现在的照片放在一起，请幼儿对比观察。

● 教师：请仔细观察，刚开学时的小鸡和现在的小鸡有什么不一样的地方？

● 幼儿可以根据自己的经历和图片说一说自己的见解。

3. 出示一些测量工具，请幼儿们认一认。

● 可以请幼儿目测感知一下小鸡小鸭的变化。

教师：你觉得小鸡小鸭有变化吗？变化在哪里？

● 用测量工具验证自己的想法。

活动延伸

结合自己，观察自己的变化，在集体活动时进行交流。

主题五：可爱的兔子

（小班 · 下）

第一部分：主题背景及目标

（一）主题背景

让幼儿接触自然，关注动、植物，感受生命的成长，从而珍惜生命，爱护生命，是中西方很多幼儿教育家的共同观点。陈鹤琴曾指出，要给幼儿科学的环境，爱自然是儿童的天性，透过这种天性，可以培养儿童爱科学、爱劳动的品格。因此，幼儿园要布置一个科学的环境，尽可能地引导儿童栽培植物（花卉、蔬菜），布置庭院，从事浇水、除草、收获种子等工作，并饲养动物。经常指导儿童对周边自然界的事物和现象进行观察和研究，从园地的栽培管理，动物的饲养以至日月星辰的变化。透过儿童的双手和感官，使儿童对自然界的事物得到正确的认识，使儿童懂得自然界与自然现象之间的关系。

小兔身体毛茸茸的，温柔可爱，很受小朋友的喜爱，很多幼儿在婴幼儿时期便会说有关小兔的儿歌。小白兔的红眼睛、长耳朵的特征也特别明显。小兔没有攻击性，也不会咬人，吃起食物来津津有味，喜欢吃的食物种类也比较丰富，因此成为小班饲养区的首选。

经过饲养和观察，幼儿可以在一个月的时间里，很明显地观察到兔子的各种变化。比如身形变大、变重，食量急剧增加。在饲养小兔的过程中，让幼儿亲自喂养小兔，定期给兔子量身高称体重，让幼儿在发现兔子成长变化的过程中体验成就感，进一步激发关爱生命的情感。

（二）主题目标

1. 通过观察、比较、操作、调查等方法了解兔子的生长过程，激发幼儿的好奇心和探究欲望。

2. 设计饲养、养护、喂食等实践活动，帮助幼儿积累丰富的感性知识和经验。

3. 利用幼儿家中饲养的兔子、幼儿园养殖区的兔子、农场大量养殖的兔子等资源，培养幼儿热爱生命、喜欢小动物的情感。

（三）关键经验

1. 通过饲养和观察，了解兔子的主要外部特征。

2. 在饲养的过程中了解兔子的生活习性和饮食习惯。

（四）核心词汇

小白兔、小灰兔、变化、食物、观察、记录、表格、测量、数据。

第二部分：资源准备

（一）环境资源

幼儿园饲养区有金鱼、乌龟、小兔等动物。

（二）材料资源

1. 搜集有关兔子饮食习惯和生活习性的资料。

2. 做一张调查表，记录兔子每周的生长变化。

3. 教师提供幼儿们在观察及环境创设等过程中可能需要的各种工具，如：记录本、记录笔、图片资料、胶带等，放在幼儿拿取方便的地方，便于幼儿操作过程中及时找到自己需要的工具、材料。

4. 搜集有关兔子的绘本。

（三）主题探究流程

1. 第一阶段：调查积累阶段。

(1) 家长问卷调查：幼儿在什么地方接触过兔子？看过哪些有关兔子的图书？

(2) 活动室内：在集体活动中让幼儿集体观察兔子，了解兔子的特征。

2. 第二阶段：操作实施阶段。

(1) 在幼儿园创设自然角，和幼儿共同在饲养区饲养兔子。

(2) 每天带幼儿观察兔子进食，了解兔子常吃的食物是什么，最喜爱的食物是什么，吃食物时的表情是怎样的，小嘴巴是怎样动的。

(3) 每一周对兔子的体重和身高进行测量，了解兔子的生长情况，并引导幼儿通过观察兔子的排泄物来判断食物是否适合兔子食用。

(4) 在家长的协助下在家读有关兔子的儿歌、绘本，增加对兔子的全面了解。

3. 第三阶段：展示总结阶段。

(1) 兔子爱吃的食物有哪些？不能吃哪些食物？

(2) 兔子吃食物的表情是怎样的？

(3) 兔子在生长的各个阶段排泄物有什么样的变化？

(4) 兔子惯有的动作有哪些？

第三部分：领域渗透

（一）健康领域

1. 兔子吃什么。

向幼儿介绍哪些食物对兔子的身体健康是有利的，哪些是有害的。

2. 饭后散步。

饭后小朋友需要散步，那么兔子吃饱了也需要散步吗？答案是肯定的，因此我们也给兔子安排了餐后散步。

（二）语言领域

教师给幼儿讲述《小兔乖乖》的故事，让幼儿自由讲述故事的内容，并请幼儿戴上头饰进行故事表演。

（三）科学领域

组织幼儿按从头至尾的顺序观察兔子，感知兔子的主要外形特征，了解兔子的生活习性，尝试用语言表达自己的认识。

（四）艺术领域

幼儿选择各种美工材料给兔子的衣服做装饰，把白兔子变成花兔子。

第四部分：一日生活拓展

（一）学习环境

墙面记录。

有一块关于兔子的主题墙，墙面展示幼儿定期观察的记录，幼儿喂养兔子的活动照片。

（二）区域活动

1. 阅读区。

图书区有关于兔子的图画书。

2. 自然角。

搜集各种兔子的图片让幼儿比较兔子的不同之处，把兔子爱吃的食物图片贴在自然角的说明墙上。

（三）生活环节

和幼儿一起喂养兔子，观察兔子的进餐过程，了解兔子最爱的食物是什么，不能吃什么食物。

（四）家园共育

家长和幼儿一起收集关于兔子的资料，一起研究，和幼儿一起分享关于兔子的绘本、书籍，带幼儿学习有关兔子的儿歌。

第五部分：资源菜单——经典案例

1. 可爱的兔子

活动目标

1. 能初步按从头至尾的顺序观察兔子，感知兔子的外形特征。
2. 了解兔子的生活习性，尝试用语言表达自己的认识。

3. 对小动物产生浓厚的兴趣，知道要关心、爱护小动物。

活动准备

兔子 、视频材料。

活动过程

1. 引导幼儿按从头到尾的顺序观察兔子的外形特征。

● 请幼儿自由地看一看 、说一说兔子的外形特征。

● 兔子的脸看起来像什么？它的脸上有什么特别的？它身上的毛摸起来是什么感觉？它的爪子又是怎样的呢？

2. 观看视频材料，了解兔子的习性。

● 教师：看完视频中专门养兔师傅的介绍，你们知道养兔子要注意哪些问题了吗？

3. 了解兔子与人们生活的关系，能关心爱护小动物。

● 教师：你喜欢兔子吗？为什么？

● 请幼儿说一说如何爱护小动物。

2. 任性的兔子

活动目标

1. 学习绕障碍走或跑，发展肢体动作的灵活性和协调性。
2. 能用语言表达活动中出现的困难。
3. 积极参与运动，体验运动的快乐。

活动准备

1. 兔妈妈和狐狸头饰各一个。
2. 青菜、蘑菇等塑料玩具若干。
3. 场地、纸团若干。

活动过程

1. 师幼共同热身。

● 师幼共同模仿小兔蹦跳动作活动身体各部位并念儿歌：今天天气真正好，小兔小兔起得早，揉揉眼睛理理毛，蹦蹦跳跳真热闹。小兔小兔快快跑，跑到山上去种菜，种了许多大青菜，真是快乐的兔宝宝。

● 教师戴上头饰，引起幼儿参与活动的兴趣。

2. 体验动作。

● 教师："小兔"手持"青菜"穿过"树林"种"青菜"，往返数次，直至"种完"。

教师示范活动线路和动作。

● 幼儿自由尝试动作，教师巡视并辅导个别幼儿。

注意幼儿的活动密度和活动量，提醒幼儿动静交替。

● 集体活动：游戏"勇敢的兔子"。

教师介绍玩法："狐狸"出现追赶"小兔"，"小兔"四散躲至"树林"后面，拾起"石块"投向"狐狸"，"狐狸"逃窜。

● 游戏反复进行，师幼共同游戏，辅导个别幼儿掌握玩法并遵守规则。

3. 放松活动。

师幼模仿小动物的动作，在场地上自由走动。

3. 兔子爱吃的食物

活动目标

1. 通过给小兔子喂食物，观察、了解小兔子的习性。
2. 尝试用语言表达自己的发现。
3. 学习照顾、爱护小兔子。

活动准备

1. 在饲养角饲养几只小兔子。
2. 各种食物的实物及其卡片。
3. 小兔子喜欢吃的食物的墙饰背景。

活动过程

1. 创设情境，引出小兔子和食物。

● 教师：小兔子饿了，需要小朋友给小兔子准备食物。

2. 选择相应的实物卡片贴在墙饰上。

● 猜一猜:小兔子喜欢吃什么?

● 幼儿用准备好的食物喂养小兔子并观察。根据观察结果,将相应的食物卡片布置在墙饰“小兔子喜欢吃”或“小兔子不喜欢吃”的部分。

3. 引导幼儿根据自己的猜想每天带食物来喂小兔子,观察小兔子的食性,并做记录。

主题六:神奇的大蒜

(小班·下)

第一部分:主题背景及目标

(一)主题背景

大蒜是人们在菜地和院子里经常栽种的植物,又叫蒜头,是蒜类植物的统称。半年生草本植物,百合科葱属。人们经常食用大蒜的叶和茎。大蒜狭长的叶子可以做调味料,也可食用,白色、肥厚多汁的蒜瓣可以煮食和腌制食用。大蒜具有浓烈的蒜辣气,味辛辣,有刺激性气味。

幼儿园可以在9月开学初就进行大蒜的种植,选用花盆栽种。一周左右,就可以看到大蒜的奇妙变化。两周后,就可以观察叶片的生长变化。幼儿在教师的指引下,观察大蒜根、茎的生长变化。在科学种植、照料下,在生长条件适宜的情况下,接下来幼儿还可以观察大蒜的花和种子的生长和变化。

(二)主题目标

1. 通过观察、比较、操作、调查等方法了解大蒜的生长过程,激发幼儿的好奇心和探究欲望。

2. 设计种大蒜、拔草、收获大蒜、剥大蒜等实践活动,帮助幼儿积累丰富的感性知识和经验。

3. 利用农田里的大蒜、幼儿园种植园的大蒜和自然角的大蒜等资源,培养幼儿热爱绿色生态的蔬菜、喜欢健康朴素的农村饮食和生活、热爱大自然的情感。

(三)关键经验

帮助幼儿学用多种感官感知大蒜的外形特征;引导幼儿用词汇或句子说出事物的特

征或自己的发现。初步了解大蒜与自己生活和环境的关系，知道大蒜对我们的益处。

（四）核心词汇

植物、大蒜、根、茎、叶、花、种子、变化、测量。

第二部分：资源准备

（一）环境资源

1. 在幼儿园的菜地、班级的集体种植花盆、幼儿的小花盆里栽种大蒜。准备适合生长的土壤，带领幼儿进行堆肥活动。

2. 幼儿在家或者生活的环境中看见过大蒜，吃过大蒜，能够辨认大蒜。

（二）材料资源

1. 准备一些工具，如剪刀（用来剪叶子）、铲子（用来翻土、种菜、挖蚯蚓）。准备一个工具箱，用来分门别类存放主题中需要的材料。

2. 各班级一本大的集体记录本、一个相机。

（三）主题探究流程

1. 调查积累阶段。

（1）观察与发现：幼儿用感官观察大蒜，看一看、摸一摸、吃一吃，说出自己对大蒜的认识，提出自己的问题。

（2）主题讨论：对于大蒜，你知道什么？你还想知道什么？

（3）收集与交流：利用调查表、照片、活动与小朋友对话交流并记录在记录本上。

2. 操作实施阶段。

（1）布置环境：准备四张大的皮纹纸，采用一月一张的记录方式贴在空白墙面，形成过程记录墙。

（2）展示台：大蒜若干个；关于大蒜的图片、书籍、绘本资料；教师和幼儿的操作记录（用图片方式形成流程图展示出来）。

（3）兴趣点：大蒜的外形特征；鳞茎剥离的状态；大蒜生长的地方。

（4）预设问题：大蒜长什么样子？它们生长在什么地方？它们的根长什么样子？茎长什么样子？叶子长什么样子？花是什么形态？种子长什么样子？怎样种植它

们？你爱吃大蒜吗？

3. 展示总结阶段。

(1) 成果：见环境布置墙。

(2) 总结经验：教师预设的问题和小朋友自己发现的问题和解答。

大蒜有什么变化？你记住了什么？你对什么感兴趣？你还想了解什么？你在观察它们的时候，有什么感觉？

第三部分：领域渗透

（一）健康领域

在食用大蒜的过程中，说一说大蒜的味道，知道大蒜对我们的身体健康有重要作用。

（二）语言领域

利用文学作品，或者关于大蒜的绘本，对大蒜的生长变化进行交流。

（三）社会活动

中国人有食蒜习惯，农民种蒜极为普遍，产地遍布全国；了解大蒜是生活中比较重要的食用植物；可以试着去市场调查，发现大蒜的价格变动。

（四）科学领域

利用观察到的数据，进行分析和总结。对大蒜瓣数量进行统计，对大蒜叶片进行测量，在周期内分析数据的变化。

（五）艺术领域

利用绘画形式记录大蒜形象，想象或真实记录皆可。用不同的形式，如照片、绘画等，表达自己对它们的认识。

第四部分：一日生活拓展

（一）学习环境

开辟出教室里的一个区域，区域里的主题就是“神奇的大蒜”。

（二）区域活动

自然角。

观察自然角大蒜的生长过程，并把自己的发现记录下来。

（三）生活环节

在自主活动时间段，带领班级小朋友或小组小朋友去观察栽培的大蒜。

（四）家园共育

小朋友可以和家长在家里用花盆种植大蒜，食用大蒜的叶片，或腌制大蒜的鳞茎。

第五部分：资源菜单——经典案例

1. 我为蒜宝宝剪头发

活动目标

1. 初步了解大蒜的生长变化。
2. 知道蒜宝宝长高后叶子像头发一样可以修剪，重新长出新的叶子。
3. 乐意探索植物的生长规律，激发探索的兴趣。

活动准备

幼儿已种植好的大蒜、幼儿剪刀。

活动过程

1. 欣赏蒜宝宝，并用语言表达自己的发现。

- 讨论：蒜宝宝长得太高了，有的都已经压弯了腰，怎么办呢？
- 提议：我们来给蒜宝宝剪头发吧。
- 讨论：哪些蒜宝宝可以剪？怎么剪呢？剪到哪个位置呢？

2. 边讨论，教师边示范剪蒜叶。

- 在教师的帮助下幼儿操作给蒜宝宝剪头发。
- 讨论：剪下来的蒜叶可以做什么？蒜宝宝的头发还会再长出来吗？

● 将剪下的蒜叶送到食堂，加工蒜叶炒鸡蛋或放到中午幼儿菜中做调料。

活动延伸

通过这次活动，让幼儿了解到大蒜的生长规律，知道被剪叶子后的蒜宝宝还会继续长出长长的绿叶子，就像头发一样。

2. 每个人都“噗”

活动目标

1. 初步了解放屁的一些知识。
2. 能正确对待正常的生理现象，知道放屁是正常的生理现象。
3. 乐意关注自己的身体。

活动准备

自制 PPT、图片若干。

活动过程

1. 谈话导入。

● 以“放屁”声导入，大胆表述自己对“放屁”的看法。播放“放屁”声，提问：这是什么声音？听到这个声音让你想到了什么？你是怎么看待这件事情的？

● 小结：到底“噗”是不是一件正常的事情呢？我们一起来往下看。

2. 师幼共同阅读讨论，知道“噗”是正常的生理现象。

● 讲述第一段，提问：小强突然“噗”了一下，看看他身边的人有些什么表现呢。

小结：同学们异常的眼光及行为，把小强吓得目瞪口呆。

● 提问：你们觉得“噗”能忍吗？小强忍着会有什么后果呢？

小结：哦，原来“噗”是不能忍的，小强忍着，脸涨得通红，开始肚子疼，还不断打嗝，最后“噗”得更响了。

● 继续讲述第二段，提问：那“噗”到底是怎么形成的呢？（看视频：听听医生是怎么说的）

小结：现在我们知道“噗”是怎么形成的，也知道“噗”是一种正常的生理现象，只要有肠和肛门的都会“噗”。所以当我们在健康方面有疑问的时候可以去询问医生，医生会帮助我们。

● 讲述第三段，提问：那还有谁会“噗”呢？

小结：只要有肠和肛门的都会“噗”，所以这些老老少少、大大小小的人和动物都会“噗”。

● 完整讲述故事：《每个人都“噗”》。

● 讨论：现在我们都知道“噗”是怎么一回事了，那你现在还会忍吗？还会怕被同学笑话吗？

● 小结：有“噗”的时候别忍着，没关系，因为每个人都会“噗”，“噗”是一件正常的事情。

活动延伸

回家和家长讨论关于“噗”的更多有趣的事。

3. 蒜　头

活动目标

1. 通过看、摸、闻、掰等方法，发现蒜头的特征，体验发现的乐趣。
2. 会手口一致地点数，感受用数字记录的简便、明了。
3. 了解蒜头的益处，知道多吃蒜头有益健康。

活动准备

1. 蒜头人手一个、统计表。
2. 笔、纸。

活动过程

1. 出示蒜头，导入活动。

● 教师：看，这是什么？

● 看一看，蒜头是什么样的？像什么？什么颜色？

2. 通过看、摸、闻、掰等方法，发现蒜头的特征。

● 请小朋友每人拿一个蒜头，仔细地摸一摸，看看能发现什么。

● 教师：你发现了什么？

小结：蒜头摸上去滑滑的、硬硬的，身上有像线一样的花纹，凹凸不平的，里面还藏有一个个的蒜瓣。

● 教师：怎么能知道里面的蒜瓣是什么样的呢？我们来剥一剥。剥的时候注意看看蒜头的外衣是怎样的。

● 教师：看看现在的蒜瓣是怎样的。（一个一个紧紧地抱在一起）那掰开看看，一个一个的蒜瓣像什么？怎么看出来的？（每人拿一瓣）

● 教师：再看看它们的身上有什么。其实每个蒜瓣身上都有件“小衣服”，让我们剥开看看里面又会是怎样的，闻闻是什么气味。

● 教师：那蒜瓣们有什么地方不一样吗？（有的大，有的小）

● 小结：蒜头除了有一层层的外衣，每个蒜瓣都还有件“小衣服”，剥开“小衣服”，我们会闻到一股特殊的气味。我们还发现蒜瓣的大小是不一样的。

3. 利用蒜头练习数数。

教师：你的蒜头里有几个蒜瓣呢？让我们来数一数吧。

4. 迁移生活经验，了解蒜头的作用。

● 教师：你知道蒜头有什么作用呢？

● 小结：大蒜生吃可以杀菌、预防感冒、抗癌、做菜除腥味等等，还可以当作种子呢！小朋友觉得蒜头的作用大不大呀？那我们可要多吃哦！

4. 种大蒜

活动目标

1. 乐意参加种植活动，愿意照料大蒜并关注大蒜的生长。
2. 能尝试用按、压的方法种植大蒜。
3. 观察、认识大蒜，学习用简单的语言讲述对大蒜的认识和发现。

活动准备

1. 幼儿认识大蒜，知道大蒜的生长环境。
2. 适合种植的大蒜若干。
3. 装好松软泥土的废旧杯子、罐子若干；小洒水壶。

活动过程

1. 出示大蒜，引导幼儿认识大蒜的外形特征。

● 教师：小朋友，这是什么呀？谁认识它？你在哪儿见过呢？

● 引导幼儿从颜色、形状上认识大蒜的外形特征。

教师：请你看看，大蒜是什么样子的？像什么？

● 剥大蒜，引导幼儿进一步认识大蒜。

教师：请你们把大蒜掰开，看看是什么样的，和刚才的大蒜有什么不一样的地方。

● 请幼儿上前摸一摸，闻一闻，并说说自己的感受。

教师：摸上去感觉怎样？有什么气味？

2. 学习种植大蒜的方法。

● 引导幼儿讨论种植需要的材料和器具：如器皿、土、洒水壶等。

● 教师：你会种大蒜吗？种大蒜需要什么？

引导幼儿自由讲述如何种植大蒜。

● 教师：如果请你来种大蒜，你会怎样做？

● 教师小结，并示范种大蒜的方法。

第一步：选择种植需要的材料和器具。

第二步：找出大蒜根部，把大蒜头的须根朝下，用手按到土里，轻轻地把泥土压在大蒜身上。

第三步：给大蒜浇水。

3. 请个别幼儿进行示范，和教师一起种大蒜。

● 幼儿尝试种植大蒜。

● 教师讲解种植要求与注意事项。

教师：在种大蒜的时候要把大蒜的尖头朝上，把大蒜按在土里。

● 幼儿分组自由种植大蒜，教师巡回指导。

4. 活动评析和小结。

● 展示幼儿的种植结果，引导幼儿观察。

● 师幼一起检验种植情况，并进行改进。

● 给大蒜浇水，再将种好的大蒜平摆在户外平台上。

活动延伸

将种植的大蒜摆放在自然角，供幼儿日常观察、管理，同时拍摄大蒜生长情况，按顺序贴在墙上，帮助幼儿了解大蒜的生长过程。

中　班

主题一：沙子变变变

（中班·上）

第一部分：主题背景及目标

（一）主题背景

玩沙能给小朋友带来极大的满足感和成就感，他们在无拘无束、自由自在地玩沙时，心情开朗，能感受到很多乐趣。幼儿在玩沙的过程中，通过观察、感知、比较、交流，自然地了解沙的特性，通过自己的主动探索，发现沙的新鲜玩法，在沙地里自由探索，自主操作，使整个活动体现出玩中学、学中乐的氛围。

瑞吉欧教育理念提倡："环境生成课程，环境如同教师一般，对幼儿的认知具有激发性。"玩沙活动符合幼儿的心理需要，能激发幼儿参与活动的兴趣。《指南》指出，教师要为幼儿提供充分的材料，在较宽敞的空间里去感知、观察、操作并自主探索，在玩中学习。我们可以用竹片、竹筒、木瓢、饮料瓶等制作成沙漏、小铲、糕点模具、房屋建材，可以用各种辅助物创造性地与同伴合作玩沙石，尝试用小石子铺路、做造型、在"沙堆上"筑沙堡，用沙子种植物、养动物，也可以将现有的器具投放进沙池，如不同材质的筒、片、球、珠等等，引发幼儿一系列的探究活动，从而使其科学思维获得发展。

（二）主题目标

1. 通过观察、比较、操作、调查等方法使幼儿了解沙子，激发其好奇心和探究欲望。

2. 引导幼儿主动参与沙子的探索活动，学习用交流、绘画记录、制作等方式表达自己对沙子探索与发现的过程，帮助幼儿积累丰富的感性知识和经验。

3. 运用沙子、石子、水、幼儿园的沙池、玩沙工具、沙漠地带的图像资料等资源，培养幼儿热爱生命、亲近自然、向往探索大自然的情感。

（三）关键经验

1. 幼儿通过挖、堆、分离、塑造等活动，感知和探索沙轻、细小、不溶于水及加水后易塑型的特性，了解沙的用途。

2. 运用多种工具装运沙子，了解干沙、湿沙流动的特点，体验探究沙子的乐趣。

（四）核心词汇

沙子、乡土生活材料、收集、观察、想象、探索、记录、比较、用途、塑型。

第二部分：资源准备

（一）环境资源

1. 室外沙池和室内沙池（如玩沙室、可移动的沙箱、沙盆等）。

为了避免季节、天气等因素对玩沙活动的影响，幼儿园可以尝试将室内和室外玩沙活动相结合。沙池附近准备一个工具、材料的摆放区域，用来分类摆放工具与收集准备的各种材料，供小朋友们自主取放。

2. 玩沙区可以靠近水源，也可以沙水结合活动。

对幼儿来说，沙和水常常是分不开的，都是充满魅力的自然材料。在玩沙游戏中加入水的因素，会增加游戏的趣味性和复杂性，更有利于幼儿的发展。

（二）材料准备

1. 容器类材料（如小桶、壶等）、挖掘类材料（如铲子、铁锹等）以及滤器类材料（如漏斗等）；量器及观测类材料（如天平、台秤、量杯等）；废弃物品（如废旧瓶子、管子等）；装扮类材料（如积木、饼干模型、玩偶等）。

2. 各组一本大的小组记录本、一个相机、记录表。

（三）主题探究流程

1. 调查积累阶段。

（1）观察与发现：观察沙子的特征。

（2）主题讨论：你觉得可以用沙子做什么？

（3）收集与交流：收集各种沙子、照片与小朋友对话交流，并记录在笔记本上；整理开展活动的相关经验及需要扩展的经验。

2. 操作实施阶段。

(1) 与幼儿共同讨论、布置主题"沙子变变变"活动环境,包括墙面的布置、工具的摆放,方便幼儿观察、讨论、操作。

(2) 发现幼儿观察讨论的兴趣点,顺应幼儿的探索需要,鼓励幼儿积极参与相应的探索。

(3) 探索发现沙子的特征,了解沙子的生活用途,尝试同伴合作进行沙雕建构。

(4) 教师观察幼儿的探索,适时与幼儿发生互动,鼓励幼儿表达发现的问题及解决问题的方法。

3. 展示总结阶段。

展示主题成果,如:各种各样的沙子造型、沙画、操作流程图、自制的沙子工具、幼儿交流分享过程照片等。

第三部分:领域渗透

(一) 健康领域

1. 学习运用多种工具与材料尝试运沙。
2. 在与同伴合作运沙的过程中体验寻宝的乐趣。
3. 知道正确、安全使用工具的方法并尝试分工合作。

(二) 语言领域

1. 尝试讲述《小沙子丢丢》故事内容。
2. 体会《小沙子丢丢》中小沙子的心情变化,感受作品诙谐有趣的意境。
3. 尝试用语言、肢体动作等形式表现和同伴一起游戏的快乐。

(三) 社会领域

1. 了解沙子与人们生活之间的关系。
2. 享受运用沙子进行创作的乐趣。
3. 感受沙子文化的丰富,乐于交流自己的发现。

（四）艺术领域

1. 学习简单的抓、刮、抠等作画技能，了解沙画的基本步骤。
2. 能用绘画的方式记录和表达。
3. 在感受艺术形式的同时，能大胆构思、想象，表达自己的感受。

第四部分：一日生活拓展

（一）学习环境

在教室里开设出一个区域，区域里的主题就是“沙子变变变”。

（二）区域活动

1. 娃娃家。

投放自制的人物“全家福”彩色沙画，做背景墙装饰，丰富游戏情境。

2. 自然角。

提供种植在沙土里的植物，并于土中植物相比较，感受沙子文化。

3. 科学区。

感知沙子的特点；知道沙子的用途与危害，并学习简单的记录；通过玩沙活动，体验探索的快乐。

4. 美工区。

(1) 进行沙画创作，利用毛线、贝壳等进行装饰，并将其展示在主题墙上。

(2) 学习对材料的整理与分类，注意各种沙子的不同使用方法。

5. 建构区。

提供户外场地，尝试使用水进行沙子建构等活动。

6. 表演区。

能用听觉辨别不同的沙子在瓶子里的声音；能将沙子装入容器中，感知沙子的多少与声音的关系；参加表演活动，感受自制沙锤表演带来的成功喜悦。

7. 阅读区。

投放故事书，能安静地倾听别人讲故事。

（三）生活环节

1. 在自由活动时,可以自主观察沙子的特征及前期实验的过程与结果。
2. 午餐过后,在晴朗的天气带幼儿出去散步,观察园内沙池中沙子的特征。
3. 鼓励幼儿了解沙子的特性,安全玩沙。

（四）家园共育

1. 请家长帮忙收集有关工作坊环境布置及开展活动的相关材料。
2. 邀请有建筑专业背景的家长给孩子讲解盖房子的具体步骤及所需材料;协助孩子完成相关的学习调查表。
3. 邀请家长观摩孩子的活动,使家长了解孩子在活动中表现出来的巨大能力。

第五部分：资源菜单——经典案例

1. 沙子的秘密

活动目标

1. 在快乐的玩沙活动中,通过观察、实践,感受沙的基本特征。
2. 学习掌握一些简单的科学方法,如实验、统计、记录等,体验研究的快乐。
3. 利用沙加水后易塑形的特点,大胆想象,体验创作的乐趣。

活动准备

1. 探索坊周围粘贴有关沙的功能的图片若干、大记录表一张。
2. 沙包、沙球、有封口绳的布袋、玩沙工具(铲、滤沙箩筐、小桶等)。
3. 盐、糖、勺子、水、杯子、筷子等。
4. 干沙、湿沙、印模、沙盘等。

活动过程

1. 以探索秘密引出活动,引发幼儿的好奇心,充分调动幼儿的学习兴趣。

● 出示沙球、沙包，幼儿边玩边讨论：猜猜这两种玩具是用什么材料做成的？

2. 教师介绍三组活动材料和活动内容。

3. 通过分组尝试，联系已有知识经验，感知沙子的主要特征。

● 组一：沙子的用途。

通过提供的材料，幼儿在自己的尝试操作中感知沙子是细小的，教师及时肯定幼儿的发现，使幼儿有成功的体验。

● 组二：谁不见了。

通过材料，感知沙是不溶于水的一种自然物。

● 组三：沙子模型。

通过成功与失败的不同体验，发现干沙与湿沙的不同。

4. 幼儿相互交流操作经验，解决活动中出现的问题；幼儿换组活动。

5. 拓展幼儿的经验，了解沙子的作用。

● 教师：你们都知道了沙是细小的、松散的、一粒粒的、不溶于水的自然物，那么沙有什么用处呢？它给我们带来了哪些好处呢？我们一起来看看图片，想一想、说一说。

● 小结：人们可以用沙做成沙坑、沙包，供运动员训练，给小朋友做游戏；沙还可以和水泥搅拌后用来砌房子呢。

2. 好听的声音

活动目标

1. 了解物体碰撞会发出声音，学习辨听沙子在瓶子中发出的不同声音。

2. 尝试制作沙锤，在做做、玩玩、听听中了解干湿沙、粗细沙子的区别，并尝试大胆讲述自己的发现。

3. 对探索沙锤声音活动感兴趣，体验自制沙锤的成功喜悦。

活动准备

有瓶盖的塑料瓶（数量为幼儿人数的两倍）、干沙、湿沙、细沙、粗沙。

活动过程

1. 认识沙锤。

● 出示沙锤：猜猜这是怎么发出声音的？

● 激发兴趣：你们打算怎么做？

2. 用相同的塑料瓶，幼儿自选材料放入塑料瓶。

● 教师：用什么东西可以让沙子不掉出来？

3. 幼儿比较自己和同伴的沙锤的声音。

● 教师引导幼儿分别取不同的样品装入塑料瓶进行比较。

● 幼儿拿着自制的沙锤随音乐边唱歌边打沙锤，体验成功带来的快乐。

3. 我是“淘金工”

活动目标

1. 在教师语言和图片资料的启发和引导下，了解“淘金”的基本过程。

2. 会自己动手操作，尝试小组合作进行“淘金”活动，并能分工运用简单绘画记录“淘金”过程中的发现。

3. 在操作过程中，学会倾听，发现探索的乐趣。

活动准备

1. 组一材料：图片、螺栓、沙子、沙盘、筛子、矮桌、记录纸等。

2. 组二材料：螺栓、沙子、沙盘、水、盆、大桶、记录纸等。

活动过程

1. 出示图片，引起幼儿兴趣。

（图一，人们在有金子的矿山中挖石头；图二，矿工在开采；图三，一位矿工手上捧着含有金子的岩石）

● 教师：我这里有一些图片，请你们看看这些人在哪儿，在干什么。如果不能用手去把大小金子挑出来，你们能用什么方法把沙子和金子分开呢？

2. 教师介绍两组活动材料和活动内容，幼儿分组“淘金”。

● 教师：沙盆里有沙石和大大小小的“金块”。我们没有真正的金子，就用铁螺母来代替吧。

● 幼儿利用各种材料把沙子和“金子”分开。

3. 幼儿分组操作。

● 组一：利用筛子"淘金"。

● 组二：利用水像淘米一样将沙子和金子分开。

4. 幼儿相互交流操作经验，讨论遇到问题时是如何解决的。

5. 教师帮助幼儿梳理活动中的有利经验。

4. 沙子本领大

活动目标

1. 利用各种玩沙工具进行操作，运用对比的方法，探索并感知沙子的特性。

2. 了解沙子在日常生活中的作用，体验玩沙游戏的快乐。

3. 通过了解沙尘暴的有关知识，增强环保意识。

活动准备

1. 组一：干沙子、筛子、尼龙绳、铲子、漏斗、纸、瓶子等。

2. 组二：脸盆、水、筷子、沙、沙漏、小盒子、杯子、颜料、胶水等。

3. 组三：沙子、水、胶水、颜料、铲子、抹布等。

活动过程

1. 幼儿通过各种感官，感知沙子的基本特征。

请幼儿随意玩沙，通过用眼睛看、用手摸、用吸管吹、用鼻子闻等来感知沙子的基本特征，并和同伴说说自己的发现。

2. 教师介绍三组活动材料和活动内容。

3. 幼儿分组玩沙。

● 组一：会动的沙。

用筛子、尼龙绳、铲子、漏斗、纸、瓶子等材料，想办法使沙子流动起来，感知沙子流动的特性，探索放在哪些材料里沙子能发出声音。

在教师的引导下，幼儿能归纳沙子的特性：细细的、软软的、一粒一粒的。

● 组二：沙子城堡。

幼儿讨论怎样能使干沙变成湿沙。

讨论怎样用盒子、干沙、湿沙等材料来做城堡。

● 组三:沙画。

幼儿能利用所提供的材料进行沙画活动。

4. 幼儿相互交流操作经验,解决活动中出现的问题。

5. 教师帮助梳理活动中的有利经验。

活动延伸

讨论:沙子越多越好吗?

通过讨论,让幼儿了解沙尘暴现象,以及沙尘暴给人类带来的危害;懂得植树造林的作用,增强环保意识。

5. 谁喝的水多

活动目标

1. 通过实验,初步知道泥土的吸水性强,沙子的吸水性差。

2. 尝试进行小组合作实验,在实验中记录自己的猜想与发现,并能大胆表述实验结果。

3. 了解沙、土和人类的密切关系,萌发环保意识。

活动准备

1. 组一、组二材料:装有等量沙子和泥土的量杯每组一份,装有等量水的饮料瓶子。

2. 组三、组四材料:装有等量沙子和泥土的量杯每组一份,装有等量水的饮料瓶子,大盘子四个,抹布。

活动过程

1. 感知泥土和沙子特性。

教师:请你们用两只手分别去摸一摸、搓一搓土和沙,感觉一下土和沙的不一样。

2. 介绍活动材料和活动要求。

3. 幼儿分组操作。

● 组一、组二:谁喝的水多?

幼儿自己动手在相同的两个瓶子里装上等量的泥土和沙子。

将等量的水倒入分别装有泥土和沙子的量杯中，猜想并验证泥土和沙子谁喝的水多。

● 组三、组四：谁存的水多？

幼儿动手将等量的泥土和沙子倒入大盘子中，做成镂空“○”型。

将等量的水倒入“○”型中间，比比看泥土和沙子谁存的水多。

4. 幼儿相互交流操作经验，解决活动中出现的问题；幼儿换组活动。

5. 教师帮助梳理活动中的有利经验。

主题二：多彩的树

（中班·上）

第一部分：主题背景及目标

（一）主题背景

树，不仅供给我们生活所需的氧气、果实、纸张，也带给我们美好的童年记忆：树荫下纳凉、采摘桑果、捕捉虫子、掏鸟蛋……每一棵树上都是一个小小的生态区，它容纳、孕育着许多其他的生命。

时值秋风送爽，幼儿园里、道路旁、小区里、田野边……各种各样的树木在用自己独特的方式为秋天披上美丽的外衣，桂花树、柿子树、柚子树、银杏树、枫树……种类丰富的树木成了幼儿园最好的课程资源。我们提供幼儿亲近树、认识树，甚至爱上树的机会，尽可能地让幼儿看到、听到、闻到、摸到不同种类和不同环境中的树，用他们天生的好奇心与敏锐的观察力，去发现树的样貌与内涵。

《指南》指出，要让中班幼儿感知和发现季节的特点，体验季节对植物的影响。因此，我们要引导幼儿探索自然环境中的树，树与季节的关系，让幼儿以艺术的形式去表达对树的认识，学习和树做朋友，维护人与树木的友善互动关系，亲近大自然，关爱生态环境。

（二）主题目标

1. 通过观察、比较、操作、调查等方法，让幼儿了解常见树的生长过程，激发其好奇心和探究欲望。

2. 设计养护树木、采摘果子、捡落叶等实践活动，帮助幼儿积累丰富的感性知识和经验。

3. 利用乡野树林、山冈、河边、林场、幼儿园门前屋后的常绿树、落叶树、各种颜色和形状的树叶、各类树干、果树的果实等资源，培养幼儿保护树木、热爱生命、热爱大自然的情感。

（三）关键经验

1. 引导幼儿关注身边常见的植物在秋冬季节发生的变化，认识常见的树木，了解其与人类生活的关系。

2. 提供在自然环境中活动的机会，指导幼儿运用自然物进行不同形式的艺术创作，激发幼儿对大自然中美的感受。

3. 了解保护树木的基本方法，有初步保护树木、爱护生态环境的意识。

（四）核心词汇

秋季、树木、树叶、果实、收集、观察、记录、保护。

第二部分：资源准备

（一）材料资源

1. 连续观察后进行的亲子记录《大树笔记》，收集本季树叶并拓印制作成个人的“树叶小书”。

2. 油画棒、画纸、记号笔、数码相机。

3. 对树、树叶、果实进行实验观察的记录表。

（二）环境资源

1. 有适合幼儿观察树木的场地。

2. 园内外有各种各样的树木（秋冬季节有明显季节变化的树木）。

（三）主题探究流程

1. 调查积累阶段：准备活动。

（1）请幼儿自由说说对大树的了解，看看他们对于树的前期经验有多少。

你在哪里看过树？

树是由哪些部分组成的？

你喜欢树的什么部位？为什么？

（2）带领幼儿在幼儿园里或是幼儿园周边走一走，去亲近各种不同的大树，看看当季的树干、树叶、树枝、花儿、果实、树根等。

2. 操作实施阶段:在自然的环境中开展观察活动。

(1) 引导幼儿对树产生更深入的了解。

树干是支撑树的部位。树干的粗细、长短都一样吗？树皮的色彩、纹路都一样吗？可以让幼儿带上画纸和油画棒,进行树皮拓印,比较不同树皮的不同纹路。

树干上还会有什么?

树叶有哪些颜色、形状？同样一片树叶在不同的季节,颜色和外形一样吗？你喜欢什么样子的树叶?

树上生活着哪些动物?

(2) 自由地和树玩一玩游戏。

树叶可以收集起来干什么?

果实可以用来玩什么游戏？你还有什么其他的玩法?

(3) 教师用相机拍下幼儿的发现和游戏，带回幼儿园。有条件的园所可以将照片冲印出来,粘贴在海报上,做成“我们和大树玩游戏”的展览板。

(4) 捡拾的果子、落叶,回去可以进行观察、比较,进一步了解树叶和果实的结构特征,也可以进行印染、拼贴、建构等艺术创作。

3. 展示总结阶段:梳理幼儿的相关经验。

(1) 学习使用简单的符号、标记等,对观察的大树特征进行记录。

大树的基本组成部分有哪些?

本季节的大树是什么样子的?

(2) 进行实验和制作。

采回的果子可以吃吗?

学习制作树叶标本。

(3) 后续观察和讨论。

为什么大树要落叶子？再过段时间,天气更冷了,大树会变成什么样子?

大树有什么用处？我们可以怎样保护大树?

第三部分：领域渗透

(一) 健康领域

走树桩。

利用高低不同的树桩(或其他低矮且有一定重量的物品替代物)，摆放成连续障碍的各种路径，每个树桩之间的间隔要保证幼儿刚好可以跨越，发展幼儿在一定高度的物体上跨走和保持平衡的能力。

（二）社会领域

保护大树。

幼儿平时对于保护树的方法措施也许不太在意，可以通过查找资料，让幼儿了解一些常见的保护树的方法，如：刷上石灰、裹上稻草、支上铁架等。多多观察周边的树，发现保护它们的方法。探讨出一些自己力所能及的保护方法，如：不随意爬树、不折断小树、不随意采摘树叶、少用一次性筷子等，愿意积极参与到保护树木的行动中来。

（三）科学领域

1. 落叶分类。

将捡拾来的落叶进行整理，尝试按照某一种属性特征进行分类，如：按大小、颜色、造型等分类，并分别摆放。分类完成后，和同伴说说自己的分类方法。后续可提高难度，请幼儿根据两种属性分类。

2. 持续观察。

在园内或园外散步时，注意看看树木发生了什么变化。特别是对同一棵树的连续观察，看看它的高矮、颜色、叶片等。树上会有动物吗？树木对于我们会有什么用处？可以将观察到的结果记录在“大树笔记”中，以待后期比较大树在不同季节发生的变化。将不同季节捡拾的落叶拓印后封塑，补充在“树叶小书”中，并标注上收集日期、收集地点和树木名称。

（四）艺术领域

1. 收集来自大树的树叶、果实、花朵、树枝等自然素材，发挥想象力，拼贴出一定的造型。

2. 学唱歌曲《大树妈妈》，体验歌曲柔和、愉快的情绪，感受大树与小鸟相互依偎的美好情感。

第四部分：一日生活拓展

（一）学习环境

1. 柜面展示。

幼儿进行过叶脉拓印后，尝试用石膏拓出叶子的造型。作品完成并晾晒干后，将实体作品制作成摆台，展示在低矮的柜面上，方便幼儿欣赏。

2. 展示收集的各种木头制品，了解树木与人们生活的关系。

3. 墙面展示。

尝试利用水粉颜料创造树的造型，引导幼儿表现不同色彩、不同造型的树，并注意保持区域的环境整洁。

（二）区域活动

1. 建构区。

尝试利用积木、雪花片、拼插玩具等多种材料搭建出不同造型的树。

2. 科学区。

比较黄叶和绿叶，分别把两种叶子放进纸杯中，用擀面杖捶捣，发现黄叶和绿叶中水分和叶绿素含量的不同。

（三）生活环节

1. 果实品尝会。

收集来自大树的果实，除了水果，还有坚果，大家共同探索焐柿子、剥坚果的好方法，品尝美味、营养的大树果实。

2. 荡秋千。

利用园内结实的树木，或以大型器械代替，请幼儿双手抓住杠，把脚悬空，坚持悬空吊约 15 秒左右。

（四）家园共育

1. 请家长在周末带领幼儿到户外选择一棵或两棵树木，对其外形特征、树叶外形特征、花的外形特征、果实的外形特征、树根的特点、树上有什么进行观察，并辅助文字记录，完成《大树笔记》。

2. 提供亲子活动的拓印方法,尝试用树叶在鸡蛋上面染出各种图案,体验染蛋活动的乐趣。

第五部分:资源菜单——经典案例

1. 秋天的树

活动目标

1. 了解秋天树木的变化,知道落叶是树木过冬的一种方式。
2. 通过观察树干、捡拾树叶,尝试探究树叶变色、落下的秘密。
3. 能欣赏秋季树木独特的美,乐于观察周围树木在秋冬季节的变化。

活动准备

1. 选择园内落叶树较多的地方。
2. 捡拾落叶的小篓子(2—3 人一只),16K 画纸(每人一份),油画棒。

活动过程

1. 谈话导入。

● 教师:现在是什么季节?请小朋友们说说秋天是什么样的。秋天,大树会有什么变化呢?

● 引导幼儿调动已有经验,自由表述对秋天大树的认识。

2. 观察秋天大树的变化。

● 教师:大树看起来是什么颜色的?树干上有什么变化?树下有什么?

● 教师:小朋友捡的树叶是什么颜色的?摸上去有什么感觉?脚踩上去有什么感觉?

引导幼儿感知干落叶是黄色或褐色的,叶片卷曲,很脆,用力一捏会碎。

● 小组讨论:落下来的叶子会变成什么呢?天气冷的时候,树叶会怎样?

3. 记录秋天大树独特的美。

引导幼儿用油画棒画出观察到的秋天的树的样子。

活动延伸

找一找,幼儿园里哪些树会在秋天落叶子。

2. 高高的银杏树

活动目标

1. 通过观察、比较，认识银杏树的不同部位及其特征，知道银杏树是一种落叶树。

2. 会用较完整、连贯的语言讲述自己对银杏树的认识，会用图画的形式进行记录。

3. 乐意亲近树木，感受秋季落叶的美，能在户外活动中围绕教师的问题进行观察。

活动准备

1. 有银杏树的户外场地、小板凳(数量同幼儿人数)、小黑板、集体记录单、记号笔、背景音乐、每人一副手套。

2. 装落叶和果子的小篓子(每人 1 只)、标记贴(每人 3 张)。

3. 幼儿已经捡拾过银杏树叶，知道园内有银杏树。

活动过程

1. 谈话导入，唤起对树的经验。

● 教师：最近，中班小朋友认识了幼儿园里的许多种大树，都有哪些呢？看看我们中间的这棵树，你们认识吗？你怎么知道的？

2. 观察银杏树的主要特征。

● 教师：银杏树是什么样子的？

初步感受银杏树的高大、笔直。

● 观察落下的叶片和果子。

戴上手套，捡拾树下的落叶和果子，仔细观察树叶的形状、颜色和叶脉，观察果子的颜色、外形、气味等。

● 学习有序地观察银杏树的特征，并记录在集体记录单上。

教师：刚刚我们一起认识了银杏树，你们是喜欢从上往下观察，还是喜欢从下往上观察呢？(根据幼儿的意愿确定观察顺序，边讲述观察发现边进行记录)

● 小结：银杏树长得高高的，树顶长着树叶和果子。银杏树叶的形状像把扇子，边缘是波浪线，叶片上面有一条条的叶脉，叶子原来是绿色的，到了秋天叶子就慢慢变黄了,还会掉下来。树枝顶上还会结出黄色的小果子,小果子捏起来有点硬,皮呈橘黄色的,皮上皱巴巴的,闻起来有点臭,不能直接吃,里面还有个核。银杏果子外壳有毒性,要戴上手套才能捡。银杏的树干很直很粗壮,树皮是浅灰色,有很多的裂缝。泥土下面还有根。

3. 根据银杏树的特征,寻找园内其他的银杏树。

● 教师:在幼儿园的操场上还有好几棵银杏树,你们知道长在哪里吗?请带上你的标记,和你们这组的小朋友一起,去操场的其他地方找一找,给找到的银杏树贴上标记,并且戴上手套,在树下捡一些落叶和果子回来。

● 幼儿分组寻找银杏树。

● 播放音乐,集合幼儿。

交流:你在哪里找到了银杏树?

4. 玩树叶,了解落叶树通过落叶的方式过冬。

● 教师:让老师看一看你们捡到的落叶,银杏树的落叶多吗?猜猜看,再过一段时间,银杏树会变成什么样子呢?

● 小结:像银杏树这样到了秋冬季节就开始落叶,用这样的方式来度过寒冷的冬天,这样的树木叫落叶树。

● 教师:其实银杏树全身都是宝,它的树叶、果实和树干都是很有用处的,我们可以带回去再多多了解。现在,我们捡来的这些叶子和果子也有一个好玩的用处——拼画!

● 播放音乐,幼儿完成大幅拼贴画。

活动延伸

在其他活动中,进行随机观察,了解天气更冷后银杏树发生的变化。

3. 有趣的山楂

活动目标

1. 学会由外及内有序地观察山楂的特征,了解山楂的生长形态。
2. 能运用多种感官观察山楂,并用较完整的语言表达自己的观察结果。
3. 能积极参加山楂的探索活动,对采摘山楂有浓厚的兴趣。

活动准备

1. 山楂树图片、PPT、湿纸巾、盘子、篓子、贴有点子的框子。
2. 糖葫芦、山楂、山楂食品。
3. 幼儿吃过山楂果。

活动过程

1. 利用 PPT 引发猜想，激发观察的兴趣。

● 打开 PPT，引发幼儿好奇心，聚光山楂的局部。

教师：秋天到了，果树上的果子都成熟了，猜猜看这是什么果子？

● 聚光灯范围增大，幼儿观察果子的外观，继续猜想果子。

● 完全显示山楂果，出示实物山楂果。

2. 运用多种感官发现并描述山楂的特征。

● 通过看看、摸摸，观察山楂外部特征。

每位幼儿取一个山楂，看看、闻闻、摸摸。

教师：仔细观察山楂后，你有什么发现？

● 尝试探究山楂的内部。

教师：我们发现了山楂外面的这么多秘密，山楂的里面会有怎样的秘密呢？怎样才能看到里面？

● 鼓励幼儿尽可能地运用自己的方法打开山楂，可能幼儿会立刻感觉到山楂的味道。

小口咬，发现山楂里面是白色，是山楂的果肉。

大口咬开，发现山楂籽(种子)。

● 通过品尝山楂的味道，引出山楂制品与储存方法。

和幼儿一同品尝山楂制品，了解山楂果肉可以加工做成好吃的，那么山楂的种子有什么用途呢？(收集残留山楂籽)

3. 了解山楂的生长形态。

● 通过 PPT，聚光范围增大，发现山楂的生长形态是一串一串的。

教师：你还见过什么样的水果是这样一串串生长的？

● 数一数一串山楂的数量。

幼儿数山楂，并与同伴比较谁多谁少。

点数对应，放到贴有点子的筐子里。

4. 欣赏丰收的山楂树。

● 聚光增大至一棵山楂树，幼儿欣赏山楂树果实累累的姿态。

● 教师：哪里有山楂树呢？带着小篓子我们去找找山楂树，顺便采几个山楂吧！

活动延伸

和幼儿一起寻找附近的山楂树，并尝试采摘山楂。

4. 彩色的树叶

活动目标

1. 通过收集、欣赏、观察树叶，认识几种常见树叶的主要外形特征。

2. 能仔细观察树叶的颜色、形状、边缘线和叶脉，并尝试用简单的图画形式记录树叶的不同特征。

3. 乐于积极讲述对树叶的观察发现，喜欢参与探究植物的活动。

活动准备

1. 梧桐树叶、枫树叶、银杏树叶、水杉树叶。（每种树叶数量达到幼儿人数的1/3）

2. 观察记录表、记号笔。

3. 幼儿在园内、家附近收集多种本季的落叶。

活动过程

1. 自由介绍收集来的树叶。

● 教师：你们收集了什么树叶？是在哪里收集到的？

幼儿先集体、再分小组自由交流收集的树叶，大家共同欣赏。

2. 观察几种常见树叶的主要外形特征。

● 从收集的树叶中选出梧桐树叶、枫树叶、银杏树叶、水杉树叶四种具有代表性特征的树叶，分别摆放在四个桌面。

● 师幼共同观察幼儿最喜欢的一种树叶的外形特征，引导幼儿运用视觉、触觉、嗅觉、听觉等对树叶进行探索，并尝试用语言表达自己的发现。

● 出示观察记录表，了解用图画的方式进行记录的方法，明确观察、记录的任务。

● 幼儿分组探索树叶，并对每种树叶的形状、颜色、边缘线形状和其他特征（如叶脉线条、叶片的厚薄、正反面触感等）进行记录。

3. 集中交流观察树叶的发现。

根据记录表，介绍自己在观察树叶时的发现，引导幼儿注意倾听他人的不同发现，学习用生动、形象的词语描述。

活动延伸

对收集的其他树叶进行特征的记录、比较，发现树叶的奇妙和多种多样。

5. 美丽的树叶标本

活动目标

1. 初步学习制作树叶标本的基本方法，了解干燥的树叶更容易保存。
2. 尝试通过清洁、干燥、压平、封塑的方法制作简单的树叶标本。
3. 乐于参与标本制作活动，感受树叶的多样和美丽，对植物产生探究的兴趣。

活动准备

1. 制作树叶标本的步骤图。
2. 剪刀、双面胶、皱纹纸、卡纸底板、标签贴等。
3. 近期幼儿在户外捡回的自己喜欢的落叶。（要求树叶完整、平整）

活动过程

1. 观察收集时间较长的落叶的变化，了解制作标本的意义。

● 观察：之前收集的落叶与最近收集的落叶有什么不同？引导幼儿知道落叶会变枯、腐烂。

● 讨论：有什么方法可以让落叶保存更长的时间呢？

● 小结：标本就像植物的照片，能让大家更清楚地观察、认识不同植物的特点，非常方便。标本不会枯掉，也不会腐烂，可以保存很长时间。

2. 了解制作树叶标本的方法和步骤。

● 自由猜测制作方法。

● 仔细观察标本制作步骤图，了解标本的制作步骤。

● 重点讨论：什么样的树叶才能用来做标本？树叶标本制作有几个步骤？制作过程中底板纸、纸条分别有什么用处？

3. 尝试学习制作树叶标本。

● 制作过程中，教师巡回指导，及时提醒与关心需要帮助的幼儿。

活动延伸

将全班完成的树叶标本，集中制作成一本《我的树叶小书》，将作品摆放在阅读区并互相欣赏，感受动手制作带来的快乐。

主题三：小工具大妙用

（中班·上）

第一部分：主题背景及目标

（一）主题背景

工具，指的是人类在生产劳动时所使用的器具，使用范围具有针对性。对于中班幼儿来说，生活中也会见到各种各样的工具，他们已经见过大人使用过不同的工具并成功地完成各种任务。中班幼儿乐于探索，更愿意通过自己的努力获得更多的经验和知识，也能够尝试通过同伴间的合作完成一些任务，享受成功的乐趣。

本主题中的工具是小型的、常见的，幼儿能够自己操作的，如筛子、篓子、擦藕器、年糕模具等，让幼儿认识不同的工具，了解各种工具的名称，知道在生活中离不开工具。通过一系列的实践操作活动，幼儿不仅在游戏中探索、发现、了解了小工具对人类及动物的作用，还养成了愿意思考、敢于探索的精神。在观察发现、使用小工具的学习过程中，让幼儿去探讨小工具的原理与功能，从而让幼儿对小工具的认识有更深刻的了解。

（二）主题目标

1. 通过观察、比较、操作、调查、记录等方法，使幼儿了解小工具在生活中的大作用，激发其好奇心和探究欲望。

2. 设计敲、剪、维修、量、挖等实践活动，帮助幼儿积累丰富的感性知识和经验。

3. 运用生活中的小工具、农村独有的各种农具等资源，鼓励幼儿动手动脑，并鼓励其发明创造新工具改善我们的生活。

（三）关键经验

1. 情感方面，引导幼儿爱劳动，尊重劳动者。

2. 方法技能方面，帮助幼儿学用多种感官感知小工具的特征；帮助幼儿学会使用生活中小工具的方法；引导幼儿用词汇或句子说出事物的特征或自己的发现。

3. 知识方面，引导幼儿观察生活中其他的小工具并获得相关的科学经验，初步了解它们与人类生活的关系。

（四）核心词汇

小工具、观察、调查、感知、操作、实验、参观、记录。

第二部分：资源准备

（一）环境资源

幼儿生活的家庭、幼儿园、社区、街道、农田、商场以及行走的道路都有各种各样的工具。

（二）材料资源

1. 幼儿在家或者生活的周边环境中看见过生活中的小工具，如筛子、篓子、擦藕器、年糕模具等，能够辨认它们。

2. 教师搜集并准备一些幼儿生活中常见的小工具。

3. 幼儿完成《我的工具调查统计表》并在集体活动中展示。

4. 各班级一本大的集体记录本、一个相机、设计记录表。

5. 准备一些工具，如剪刀、铲子、尺子等，准备一个工具箱，用来分门别类存放主题中需要的材料。

（三）探究流程

1. 调查积累阶段。

(1) 观察与发现：自己家与幼儿园周围有哪些生活中的小工具？

(2) 主题讨论：你知道哪些生活中的小工具？它们是用来做什么的？

(3) 收集与交流：利用调查表、照片等与幼儿对话交流并记录在笔记本上。

2. 操作实施阶段。

(1) 布置环境：利用大的皮纹纸，采用一月一张的记录方式贴在空白墙面，形成过程记录墙。

(2) 展示台：各种小工具及食物的收藏摆放，幼儿手工制作的模型。生活中小工具的图片、书籍、绘本资料。教师和幼儿的操作记录（用图片方式形成流程图展示出来），方便幼儿观察、讨论、操作。

(3) 兴趣点：生活中小工具的外形特征、工作原理、使用方法和用途。

(4) 预设问题：擦藕器长什么样子？年糕模具长什么样子？怎么使用？它们有什么相同的地方？它们有什么不同的地方？……

3. 展示总结阶段。

(1) 调查表：教师可以根据自己的需要进行更改和创新；可以幼儿独立完成，可以亲子完成，可以用自己的方式进行绘画，也可以用现成图片进行粘贴。

(2) 成果：见环境布置墙。

(3) 总结经验：教师预设的问题和幼儿自己发现的问题及解答。

你认识了哪些生活中的小工具？你会使用它们吗？使用过程中需要注意什么？你还发现了哪些生活中的小工具？它们有哪些用途？你还想了解什么？

第三部分：领域渗透

（一）健康领域

学习运用多种工具解决问题；掌握常见小工具的使用方法，能安全使用工具。

（二）语言领域

讲述《小工具大妙用》图画书，感受作品诙谐有趣的意境；尝试用语言、肢体动作等形式表现小工具儿歌的内容。

（三）社会领域

了解生活中的小工具之间的关系；享受运用小工具进行创作的乐趣；尊重各种职业人们的劳动。

（四）科学领域

尝试通过实践验证自己的猜想；通过比较和思考自主解决问题；培养愿意思考、敢于探索的科学精神 ；认识小工具并理解工具的基本含义。

（五）艺术领域

能大胆地用绘画的方式记录和表达；学习用图画和已知文字做小工具日记；发挥想象力进行绘画、装饰和手工创作。

第四部分：一日生活拓展

（一）学习环境

1. 开辟出教室里的一个区域，区域里的主题就是“小工具大妙用”。

2. 有一块专门关于生活中小工具的主题墙，墙面布置幼儿观察记录，实验、操作小工具的照片，还有幼儿画的或者设计的小工具。

（二）区域活动

1. 娃娃家。

(1) 能正确使用“娃娃家”里的各种工具，并将其整理在合适的地方。

(2) 投放自制的理发衣、剪刀、梳子等工具，丰富游戏情节。

2. 科学区。

(1) 认识物体在水中的沉浮现象，探索沉浮转换。

(2) 投放磁铁让幼儿探索其相吸、相斥的原理并记录。

(3) 利用各种材料探索乌鸦喝水的方法。

3. 美工区。

(1) 进行小小工具画，利用夹子、勺子进行装饰，并将其展示在主题墙上。

(2) 鼓励幼儿运用新材料创造出新作品，制作勺子娃娃等。

(3) 学习修补玩具材料，注意各种材料的运用。

4. 表演区。

利用头饰表演。

5. 益智区。

(1) 学习玩各种拼图游戏，能给不同工具分类并进行记录。

(2) 利用扑克牌进行数的运算比较。

6. 阅读区。

投放小工具类故事书，鼓励幼儿安静地倾听别人讲故事。

（三）生活环节

1. 在自由活动时，带领幼儿玩玩镜子和民间游戏。
2. 带幼儿散步时观察园内植物的生长情况，并用小工具进行测量。
3. 鼓励幼儿平时要随手关水龙头，合理使用生活中的工具。

（四）家园共育

1. 请家长和幼儿一起收集各种小工具，寻找、记录家里的工具。
2. 鼓励幼儿在大人的指导下使用生活中的各种工具。
3. 协助幼儿完成相关的学习调查表。
4. 在家里和幼儿一起整理、归类，让他们学会在生活中分类摆放物品或者生活工具。

第五部分：资源菜单——经典案例

1. 巧剥坚果

活动目标

1. 知道坚果的多种剥法。
2. 会用相应的工具巧妙地剥坚果。
3. 能坚持到底，体验劳动的光荣。

活动准备

1. 用纸折叠垃圾盒用于装果壳。
2. 各种坚果（核桃、瓜子、花生）、核桃器、装坚果的盘子。
3. 幼儿人手一张实验记录表。

活动过程

1. 观察各种坚果，回忆对坚果的已知经验。

教师：你见过哪些坚果？它们长什么样？

2. 互相讨论打开坚果的方法。

● 教师:怎么吃这些坚果?有什么好的办法可以打开这些坚果?

3. 通过对各种工具使用的比较,了解各种工具的功能。

● 教师:请大家试一试,哪种方法最方便?为什么?

第一组:用手剥;第二组:用牙齿;

第三组:用塑料袋;第四组:用核桃器、夹瓜壳器。

● 教师巡回指导,提醒幼儿在使用小工具时,注意安全。

4. 同伴之间交流感受。

● 教师:请大家说一说,你的发现是什么?你们在使用小工具时遇到困难了吗?你是怎么解决的?

活动延伸

在科学区放置更多的小工具供幼儿进行探索。

2. 学做年糕

活动目标

1. 知道年糕模具的使用便于年糕的制作。
2. 探索糯米粉变年糕的过程并能实际操作。
3. 能愉快地参与劳动,并愿意与同伴合作制作年糕。

活动准备

年糕模具、糯米粉、抹布(数量根据幼儿人数及合作形式定)。

活动过程

1. 观察年糕,并交流年糕的制作方法。

教师:你们认识年糕吗?它们是用什么做的?

2. 认识年糕模具,了解操作过程。

● 教师:你们认识这个吗?它是用来做什么的?他们的形状一样吗?

● 教师小结:倒糯米粉—倒热水—搅拌至面团状—取小面团搓圆后放模具里压匀—放入蒸锅—取出年糕。

3. 分两大组进行操作，教师指导。

● 教师：请大家试一试，哪种方法最方便？为什么？

第一组：不用模具；第二组：用模具。

● 教师帮助每组幼儿倒热水和面，之后巡回指导，提醒幼儿在使用小工具时，注意不要碰到别人或者压到手。

4. 幼儿讨论，并谈一谈自己的感受。

教师：请大家说一说你的发现是什么？哪一种方法更加简便？

活动延伸

在美工区用橡皮泥制作“年糕”并“卖”给“小吃店”。

3. 我会用擀面杖

活动目标

1. 了解擀面杖的作用和用法。
2. 感知用擀面杖做面条的好处。
3. 能愉快地参与劳动，遇到问题主动解决。

活动准备

1. 面粉、幼儿用刀、擀面杖、抹布。（数量均根据班级人数和合作形式来定）
2. 电磁炉一个。

活动过程

1. 引出问题，调动幼儿已有经验。

● 教师：你们有没有做过面条？在哪儿见过做面条的？是怎么做的？

2. 观察擀面杖、面粉，讨论、交流如何做面条。

教师：如何使用擀面杖擀面，并做出长长的面条？

3. 幼儿按照步骤尝试操作。

● 和面——面团——取小块擀面皮——用刀切成细细的面条

第一小组：不使用擀面杖；第二小组：使用擀面杖。

● 教师：请大家试一试，哪种方法最方便？为什么？

● 通过分组活动，总结出使用擀面杖做出来的面条外形好看，而且方便。

● 教师参与指导，帮助有困难的幼儿。幼儿擀面时，教师需巡回指导。

4. 煮面条。

教师操作，将做出的面条分组煮熟。

5. 出锅、品尝。

通过品尝，总结出用擀面杖做出的面条有嚼劲，硬硬的，好吃。用手搓出来的面条形状不规则，烂烂的。

活动延伸

教师可以将活动的照片贴在学习区域里，在幼儿自主活动时，教师可以倾听幼儿在该区域里的交谈，并记录下孩子说的话，作为成长记录。

4. 做藕圆

活动目标

1. 认识莲藕的外形特征。
2. 正确使用擦藕器，体验用工具的方便。
3. 能坚持擦完一小截莲藕，安全使用擦藕器。

活动准备

1. 擦藕器、藕、糯米粉、抹布。（数量均根据班级人数和合作形式来定）
2. 食用盐、香油、小葱若干。
3. 电磁炉一个。

活动过程

1. 观察莲藕，激发兴趣。

● 教师：莲藕长什么样？

2. 交流莲藕的生长环境、外形特征及吃法。

3. 共同讨论藕圆的做法。

● 教师：你们觉得应该怎么做藕圆呢？

4. 实际操作，教师指导。

● 教师：请大家试一试，使用时要注意安全。

分组用擦藕器进行活动，并谈一谈在活动中的感受。

5. 教师炸藕圆，共同品尝。

品尝的同时总结：使用擦藕器既方便又快。

活动延伸

在美工区用橡皮泥制作藕圆并“卖”给“小吃店”。

主题四：阿婆的菜园

（中班·下）

第一部分：主题背景及目标

（一）主题背景

遥想童年，我们都最喜欢阿婆，喜欢跟着勤劳的阿婆去菜园里玩。阿婆在菜园里忙碌着，我们在菜园里玩耍着……阿婆的菜园带给我们许多惊喜和发现：初春，阿婆菜园里的蔬菜都从土壤里冒出了嫩芽，嫩嫩的、绿绿的。盛春，阿婆菜园的蔬菜长大长高了，绿得冒油了；田间的野菜和野草也你不让我，我不让你，开花抽叶，争奇斗艳。阿婆菜园的蔬菜不仅成了我们餐桌上一顿又一顿的美味佳肴，也成了我们童年最美好的回忆和梦想……

回看今日，又是一年春来到，我们也想给幼儿创设一个美丽的“阿婆的菜园”，于是在幼儿园的园子里，我们用篱笆围了一个小小菜园，领着孩子们在暖阳下开始松土、播种、灌溉、施肥……等蔬菜出土长大后，我们开始认识不同种类的蔬菜，知道各种蔬菜可食用的部分。

《指南》指出，要让中班幼儿感知和发现并体验季节对植物和人的影响。为此，我们要让幼儿亲身体验种植蔬菜、制作与蔬菜有关的食物的快乐，玩一玩与蔬菜有关的游戏。通过这一系列动手动脑的活动，让个别偏食、挑食的幼儿初步了解各种蔬菜的营养价值，改变偏食、挑食的习惯，同时激发幼儿的探索欲望，享受科学探索活动的乐趣。

（二）主题目标

1. 认识不同种类的蔬菜，探索发现各种蔬菜可食用的部分，初步了解各种蔬菜的营养价值，培养幼儿良好的科学素养。

2. 通过种植蔬菜，管护菜园，采摘成果，制作、品尝食物等一系列活动，改变幼儿偏食、挑食的习惯，使其体验劳动的快乐，积累丰富的知识和经验。

3. 运用农村幼儿家门前屋后的小菜园、幼儿园的种植园等资源，满足幼儿的好奇心和求知欲，培养其热爱生活、亲近大自然的美好情感。

（三）关键经验

1. 认识不同的蔬菜，了解蔬菜的营养价值。

2. 通过自己种植蔬菜，体验劳动的快乐，培养幼儿热爱大自然的情感。

（四）核心词汇

菜园、蔬菜、野菜、种植、采摘、制作、品尝。

第二部分：资源准备

（一）环境资源

1. 设置“阿婆的菜园”这一工作坊主题环境。另外，在自然角开辟小菜园，供幼儿和助教家长种植。

2. 寻找周边资源，如大片的油菜田、种植大棚、荒地或山坡。

3. 在家长助教的指导下，幼儿亲手种植蔬菜，管理蔬菜，观察记录自己的种植情况，初步了解不同蔬菜的生长习性。

（二）材料资源

1. 准备《家长助教》调查表，重点了解哪些家长擅长园艺种植、哪些家长擅长烹煮做面点。与家长沟通后，制定定期的助教活动和助教内容。

2. 购置榨汁机、面条机、面包机、电饼铛、电磁炉、炒锅、蒸锅、分类盘、打蛋器、碗筷调羹等，为探究活动提供物质基础。

（三）主题探究流程

1. 第一阶段：调查积累阶段。

(1) 观察与发现：农民伯伯的田野里种了什么蔬菜？田野里、山脚下有哪些可以食用的野菜？你的爷爷奶奶会种菜吗？他们是怎么种菜的？

(2) 讨论:是不是蔬菜身上所有的部位都可以吃?种植蔬菜我们需要哪些工具?我们吃的蔬菜都是种在土里的吗?蔬菜应该在哪个季节播种呢?

(3) 收集:与家长一起收集可以食用的野菜。

2. 第二阶段:操作实践阶段。

(1) 环境布置:以绿色为主色调布置“阿婆的菜园”,墙面粘贴蔬菜图片并留白,留白处在以后的活动中将对应的蔬菜的食物和活动照片粘贴上去,方便幼儿回顾和总结。

(2) 工作台:提供足够的操作工具,方便幼儿取用。

(3) 种植区:开辟小菜园,邀请有经验的家长与幼儿一起种植、照顾,方便幼儿观察、尝试种植和研究。

(4) 探索发现植物生长规律,知道各类蔬菜可食用部分,尝试制作各种以蔬菜为原料的食物。

3. 第三阶段:展示总结阶段。

(1) 各种蔬菜、野菜的图片以及制作成食物的流程图。

(2) 种植蔬菜的观察记录和种植过程的照片,各类记录表展板,如:蔬菜可食用的部分、我认识的野菜、蔬菜的花等。

(3) 食物品尝会。邀请家长参加,请他们尝一尝小朋友亲手种植、亲手采摘、亲手制作的蔬菜沙拉、蔬菜饼、蔬菜饺子等等。

第三部分:领域渗透

(一) 健康领域

知道多吃蔬菜的好处,知道不同蔬菜有不同的营养成分,愿意尝试没吃过的、不愿意吃的蔬菜。初步掌握种植的方法,不怕脏、不怕累。

(二) 语言领域

尝试重点讲述绘本《好喜欢吃蔬菜》《爱吃青菜的鳄鱼》《一园青菜成了精》《弗朗西斯和面包果酱》《我爱吃》等。通过作品中有趣的场景和内容,帮助幼儿认识到吃蔬菜的重要性。尝试用语言、肢体动作等表现儿歌《不挑食》中小动物的形象。

（三）社会领域

了解我们身边的职业，重点了解与我们饮食相关的职业。逛一逛蔬果超市，参观一下农田，珍惜我们吃的每一粒米和每一口菜。

（四）科学领域

运用各种感官，动手动脑，探索、发现、表达，提高科学素养；初步了解植物的生长规律以及种植的规则；尝试利用一些特殊的蔬菜进行印染活动。

（五）艺术领域

能仔细观察，发现不同蔬菜的特点，大胆用语言表述。尝试用绘画和文字的形式做好观察记录。

第四部分：一日生活拓展

（一）学习环境

1. 以森林为环境氛围，以绿色为主调，辅以各种蔬菜图片和布艺蔬菜点缀，营造"外婆家的小厨房"这一工作环境。在自然角开辟小菜园，供幼儿种植小盆蔬菜，另开辟室外种植区，供幼儿和家长助教大面积种植，收获的蔬果给幼儿活动时使用。

2. 四块大展板以颜色区分，绘制不同颜色的蔬菜。幼儿认识不同颜色蔬菜的同时，还可以知道蔬菜不同颜色有不同的营养价值。每种蔬菜旁边都有留白，可以粘贴幼儿关于这一蔬菜的活动照片，也可以增添这一种蔬菜食用时的图片。展板之间布置有各种植物花茎叶果的布帘，烘托整体氛围。

3. 各类活动前和活动中的调查表和记录表，帮助幼儿记录发现的知识点。

（二）区域活动

1. 娃娃家。

(1) 投放一些新鲜的蔬果，让幼儿做蔬果沙拉，邀请其他小朋友一起品尝。

(2) 采摘新鲜的蔬菜售卖，提供给"娃娃家"制作沙拉。

2. 阅读区。

投放与蔬菜有关的绘本，供幼儿自主阅读。

3. 表演区。

投放与儿歌“不挑食”相关的头饰，供幼儿表演。

4. 种植区。

(1) 投放洒水壶、肥料，供幼儿照顾植物；投放观察记录本，供幼儿观察记录植物的生长情况。

(2) 布置小实验区，让幼儿用不同的土壤种植一种蔬菜，观察蔬菜的生长情况。

5. 科学区。

初步了解色素的提取，尝试简单的印染活动。

6. 美工区。

(1) 利用蔬菜的切面做拓印活动。

(2) 鼓励幼儿运用蔬果和其他物品粘贴组合进行创作。

7. 益智区。

提供各种蔬菜和蔬菜做成食物的图片以及蔬菜的切面图，让幼儿进行配对游戏。

（三）生活环节

(1) 在自由活动时，可以玩《顶锅盖》《萝卜蹲》的游戏，让幼儿熟悉各种菜肴和蔬菜的名字。

(2) 餐后散步时，在晴朗的天气带幼儿去种植园内观察各种蔬菜的生长情况。

(3) 鼓励幼儿用餐时多吃蔬菜。

（四）家园共育

(1) 请家长和孩子一起种一盆蔬菜。

(2) 鼓励孩子在家长的指导下利用蔬菜制作食物。

(3) 家长协助孩子完成相关的观察记录表。

第五部分：资源菜单——经典案例

1. 可口的蔬菜

活动目标

1. 介绍"阿婆的小菜园"的主题活动，对这个主题活动有初步了解。
2. 认识常见的几种蔬菜，知道其名字。
3. 通过自己动手操作来了解蔬菜的外部形状和内部结构。

活动准备

1. 青菜、大白菜、菠菜、西红柿、胡萝卜、茄子、玉米、白萝卜、绿皮萝卜。
2. 塑料刀、小叉子、小杯子、盘子。

活动过程

1. 激发幼儿兴趣，调动幼儿已有的活经验。提问：菠菜是什么？是否在家中吃过这种菠菜，想一想自己还吃过其他什么颜色的蔬菜？
2. 用简洁易懂的语句介绍相应蔬菜的营养价值，以及不吃蔬菜的危害。
3. 让幼儿观察彩色蔬菜的外部特征，并用刀具切开蔬菜观察内部形状及流出的汁水。
4. 指导幼儿用各种蔬菜制作蔬菜拼盘，比如：叶菜拼盘，萝卜拼盘，西红柿拼盘。
5. 活动结束幼儿与教师一起进行整理。

2. 神奇的野菜

活动目标

1. 认识不同的野菜，初步了解它们生长的环境以及野菜的药用价值。
2. 通过看、闻、摸、采摘野菜等一系列活动，愿意品尝甚至喜欢吃野菜。
3. 能在寻找野菜的过程中激发幼儿爱护大自然的情感。

活动准备

1. 有一片大的种植地供幼儿参观。

2. 幼儿品尝过一些野菜，或者有跟随家长在田野挖过野菜、上山采过枸杞叶子等经验。

3. 野菜实物：马兰头、荠菜、野蒜、野葱、枸杞头、菊花头。

活动过程

1. 出示马兰头的生长图片、马兰头实物，让幼儿看一看、闻一闻、摸一摸，说说自己在哪里见过马兰头，回忆马兰头的味道。

2. 幼儿分组向大家介绍自己认识的荠菜、野蒜、枸杞头、菊花头的特征。

3. 看视频了解野菜的药用价值，食用这些野菜对我们的身体有哪些好处。

4. 和幼儿一起凉拌野菜、小炒野菜、做野菜汤、野菜饼。

3. 金黄黄的油菜花

活动目标

1. 认识油菜花，了解它的主要特征。

2. 知道菜籽油的由来。

3. 通过活动提高幼儿表达能力与观察能力。

活动准备

1. 大片的油菜花田。

2. 照相机、放大镜。

活动过程

1. 找：幼儿有序参观油菜花田，仔细观察油菜花的形状。给每一小组发一个放大镜，用放大镜观察油菜花里面是什么样子的，认识花瓣、花蕊。摘掉花蕊尝一尝里面的花蜜。

2. 数：找一棵油菜花，数一数一棵油菜杆子上能开出多少朵花。

3. 想：提供油菜籽的实物，让幼儿知道油菜花的作用，知道油菜籽种子可以加工成菜籽油，激发幼儿对油菜籽压榨菜籽油的好奇心。

4. 赏：带领幼儿参观油坊，观察油坊工人将油菜籽加工成菜籽油的全部过程。

4. 菜花朵朵开

活动目标

1. 同伴间互相学习，认识不同蔬菜的花。
2. 感受春天的风景，体会大自然之美。

活动准备

1. 室外的菜园里菜花朵朵开。
2. 观察记录表人手一份。

活动过程

1. 观察蔬菜的花，说一说自己认识的蔬菜和花有哪些。

2. 教师为幼儿介绍各种开花的蔬菜，同时指导幼儿看其叶、茎、根。指导幼儿了解蔬菜的从播种、生根、发芽、开花、结果的全过程。

3. 速写不同蔬菜的花，闻一闻味道，看一看外形，比一比颜色。

4. 利用观察记录表，做好观察笔记。

附观察记录表

表 1：我找到的蔬菜（野菜）统计表

姓名：　　　　　　　　　　　　　　　　时间：

内容 项目	图片	对我们的身体有什么帮助
我已经认识的蔬菜		
我爱吃的蔬菜		
我发现的蔬菜		
我发现的野菜		

表 2:我种植的蔬菜

姓名： 时间：

内容 项目	生长情况(图片记录)

表 3:蔬菜的花及种子

姓名： 时间：

蔬菜的图片	花朵的图片	种子的图片

表 4:蔬菜哪个部分可以吃

姓名： 时间：

蔬菜的图片	可以吃的部分(以图片或绘画的形式)

备注：

1. 表格可以幼儿独立完成,也可以亲子完成。
2. 表格的内容幼儿可以用自己的方式进行绘画,也可以用现成图片进行粘贴。

主题五：风筝飞舞

（中班·下）

第一部分：主题背景及目标

（一）主题背景

“草长莺飞二月天，拂堤杨柳醉春烟。儿童散学归来早，忙趁东风放纸鸢。”阳春三月，春暖花开，天空中多了许多漂亮的风筝，孩子们拽着绳子欢快地奔跑在田埂上、山野间，大街小巷的店铺里也挂满了形态各异的风筝。不由想起小时候，爷爷用饭米粒把宣纸黏在竹竿上做的风筝，还有妈妈用薄薄的棉布缝起来的简易风筝，给我们留下了无限美好的童年记忆。

风筝，是我国流传最广的民间玩具，它以其美丽的色彩和飘逸翻飞的动态美及独具匠心的制作技巧，激发着幼儿的创作热情。风筝也以其独特的文化渊源、艺术气息、游戏功能吸引着各个年龄段的孩子。

在玩风筝活动中，幼儿将潜移默化地受到民族文化的熏陶，滋长民族自豪感。认识风筝、了解风筝的历史和种类、欣赏风筝、自制风筝、自己放飞风筝……这些活动将会带领幼儿进入风筝天地和唯美的风筝文化中。如今在乡村，很多孩子都是“留守儿童”，他们的爷爷奶奶对现代的游戏产品可能不熟悉，但是对这些民间游戏、小制作还是信手拈来。在“风筝飞舞”的活动中，幼儿将体验到祖孙间的亲情，更了解他们的祖辈，更亲近他们的祖辈。我们开展的“风筝飞舞”主题，既发挥了幼儿的创造性，又张扬了幼儿独特的个性，特别是中班的幼儿，他们思维能力发展迅速，有强烈的求知、探索、冒险的欲望，富有创造性、挑战性。他们喜欢动脑，更喜欢动手去摆弄，除了放风筝，自己动手制作风筝对他们来说也很有吸引力。

（二）主题目标

1. 通过制作简易风筝，感知风筝的结构特征；感受制作活动的乐趣；激发探究风筝的兴趣。

2. 通过制作风筝、设计风筝图案、放飞风筝活动，感受民俗活动的快乐，激发民族自豪感。

3. 运用民间艺人制作的各种风筝、市场销售的风筝、适合做风筝的废旧材料、有关风筝的故事传说、乡村适合放飞风筝的广袤天地等资源，感受生活的美，喜爱民间艺术并将其传承和发扬。

（三）关键经验

1. 通过制作风筝、设计风筝、放飞风筝，对风筝活动有一定的兴趣。

2. 感受民俗活动的快乐，激发民族自豪感。

（四）核心词汇

风筝、起源、原理、民俗、飞舞、自制、春天。

第二部分：资源准备

（一）环境资源

1. 寻找周边资源，参观风筝博物馆，了解风筝的制作演化过程，了解风筝的历史和人文知识。

2. 征集志愿者，在幼儿的祖辈中寻找会制作风筝的老手艺人来园助教。

3. 结合幼儿园周边的体育场，邀请民间艺人为幼儿放飞各种艺术风筝、竞技类风筝。

（二）材料资源

1. 搜集与主题相关的图片、文字资料。

2. 收集活动时需要用到的材料与工具。

（三）主题探究流程

1. 第一阶段：调查积累阶段。

（1）观察与发现：观察风筝的结构，讨论风筝的主要构成。

(2) 讨论:你觉得可以用哪些材料制作风筝?

(3) 收集与交流:收集各种风筝的照片、制作流程图,积累活动开展的经验。

2. 第二阶段:操作实践阶段。

(1) 环境布置:与幼儿共同讨论,布置与风筝有关的主题墙面,方便幼儿观察、讨论。

(2) 操作台:收集制作风筝所需要的工具和材料,摆放在方便幼儿取用的操作台上。

(3) 关注幼儿的兴趣点,了解幼儿的已有经验,帮助幼儿探索和发现,适时与幼儿发生互动。鼓励幼儿发现问题、解决问题,提高幼儿科学探究能力。

3. 第三阶段:展示总结阶段。

(1) 幼儿参与各个活动的照片主题展板,回顾"风筝飞舞"主题活动的经验。

(2)"风筝节"邀请家长与幼儿一起在空旷的场地制作风筝,一起放飞风筝,体验亲子活动的乐趣,也展示幼儿在这一主题活动中的学习收获。

第三部分:领域渗透

(一) 健康领域

1. 知道放风筝在民间是一项竞技体育活动,感受放风筝活动的乐趣。

2. 在放风筝的活动中,了解关于放风筝的安全事项。

(二) 语言领域

1. 尝试重点讲述与风筝有关的古诗《纸鸢》《村居》《风鸢图》等,感受古诗的韵律美。

2. 通过绘本《遥遥的风筝》《喂! 风筝》《风筝和风的故事》《蝴蝶风筝》等,向幼儿展现风筝的童趣、风筝寄托的情感以及风筝的美好。

(三) 社会领域

1. 了解风筝在我国历史上的传承意义和民俗。

2. 在家人、同伴的陪同下一起放风筝,体会亲人和朋友带给我们的快乐。

（四）科学领域

1. 运用各种感官，动手动脑，探索、发现、表达，提高科学素养。

2. 初步了解风筝的制作流程。

3. 通过制作和放飞活动，初步了解风筝能飞的科学原理。

（五）艺术领域

1. 能够通过多次尝试，掌握风筝的制作要领，尝试运用多种材料制作自己的风筝。

2. 发挥想象，创造性地设计风筝图案。

3. 学习与风筝有关的儿歌，在演唱中感受风筝带给我们的快乐。

第四部分：一日生活拓展

（一）学习环境

1. 活动室布置成蓝天的背景，上面画有许多的风筝。

2. 周围的柜子中摆放各种风筝的样品。

3. 家长为幼儿搜集的关于风筝的图片资料。

4. 与幼儿一起收集废旧的材料以及制作需要的工具。

5. 粘贴参观风筝市场时拍的不同种类的风筝照片。

6. 布置照片墙"我会做风筝""我会放风筝"。

（二）区域活动

1. 娃娃家。

(1) 环境布置融入风筝元素。

(2) 投入半成品风筝，营业员可以制作出售。

2. 阅读区。

投放与风筝有关的绘本以及有关制作风筝的儿童版本的简易书籍。

3. 表演区。

根据绘本《遥遥的风筝》《喂！风筝》《风筝和风的故事》《蝴蝶风筝》等开展相关的表演活动。开展读诗会，朗诵与风筝有关的古诗。

4. 科学区。

学习用多种材料制作风筝，从而发掘制作风筝的原理以及风与放飞风筝的关系。

5. 美工区。

为幼儿提供大量的可以制作风筝和装饰风筝的材料。

（三）生活环节

组织幼儿在午饭后散步时间到广阔的操场上边沐浴阳光边看教师放风筝；鼓励家长在双休日的晴好天气带孩子到田野踏青和放风筝；建议家长在家给幼儿讲讲风筝的历史故事。

（四）家园共育

1. 请家长帮忙收集有关风筝的资料与图片。
2. 邀请民间风筝艺人来园讲解风筝起飞的原理并给幼儿做实验。
3. 开展科技节活动，幼儿和家长一起制作风筝，进行风筝比赛并颁奖。

第五部分：资源菜单——经典案例

1. 认识风筝

活动目标

1. 通过观看录像，欣赏、观察风筝，激发幼儿制作风筝的欲望。
2. 学习风筝的简单制作方法。
3. 体验动手制作的快乐。

活动准备

1. 各种各样的风筝。
2. 相关风筝的视频或邀请民间艺人。
3. 一次性筷子、浆糊、彩笔、油光纸、各种图形小贴画等。

活动过程

1. 看录像，激发幼儿制作风筝的愿望。

● 猜谜语引出风筝。

教师：今天我给你们带来了一个谜语，看看谁能猜出来。

谜语：天上一只鸟，用线拴得牢，不怕大风吹，就怕细雨飘。

● 教师：今天老师还准备了一段视频，请大家看看。（也可以请民间的风筝老艺人讲讲）

● 教师：里面有什么样的风筝？看完视频你有什么感受？

2. 欣赏、观察风筝，了解风筝的基本制作过程。

● 教师：视频里面的风筝哪些是你们见过的，哪些是你们没见过的，它们是什么样子的？

● 教师：你为什么喜欢这个风筝？

● 教师：你知道这么漂亮的风筝是怎样做成的吗？（引导幼儿发现风筝的对称美）

3. 尝试制作风筝，体验合作的愉快。

● 教师：你想不想自己也做一个美丽的风筝呢？你想制作一个什么样的风筝？（鼓励幼儿大胆想象、创新）

● 教师：老师为小朋友准备了一些材料，请小朋友自己制作，制作完毕以后，请将垃圾收到小盆里。

4. 展示和欣赏。

教师：请将你们制作的风筝带过来，给大家展示一下，并介绍你制作的是什么风筝，是怎样制作的。

2. 制作简易风筝

活动目标

1. 了解风筝制作的基本原理。
2. 喜欢与他人合作制作风筝，并分享制作经验。
3. 体验动手操作、分析问题、解决问题的乐趣。

活动准备

1. 竹条、细绳、剪刀、纸、颜料、水粉笔等。
2. 各种风筝模型。

活动过程

1. 拿出几只不同造型的风筝,与幼儿讨论分析风筝为什么能飞起来。

2. 分析出原理后,鼓励幼儿自由分组(2—5 人/组),互相协作准备制作风筝。

3. 鼓励幼儿先用喜欢的颜色和形状制作风筝面,然后用竹条和绳子做出风筝架。

第一步:在纸上画出风筝的图案,剪下。

第二步:涂上自己喜欢的颜色。

第三步:互相交流讨论并适当剪贴修改,使图案更美观,更利于起飞。

第四步:风筝骨架应左右对称,大小适合风筝面。

第五步:把骨架捆绑结实,并与风筝面黏合紧密。

这五个步骤由幼儿自由讨论,可以是合作的形式制作,也可以是分工的形式制作。

4. 制作过程中,教师及时给予指导协助,并提醒幼儿使用剪刀等工具时注意安全,尽量不要把颜料沾到衣服上。

5. 试飞风筝,并做一定修改。

3. 塑料袋风筝

活动目标

1. 通过塑料袋风筝,感受不同制作方法的乐趣。

2. 能够根据指导的四个步骤基本完成塑料袋风筝的制作。

3. 能大胆、大方地表述自己制作的风筝的寓意。

活动准备

塑料袋、双面胶、棉线等。

活动过程

1. 以谈话的方式激发幼儿制作风筝的愿望。

● 教师:请问小朋友们见过哪些风筝?它们都是用什么材料制作的?

● 小结:制作风筝要用牢固结实的纸或不进水的布,还需要竹篾和糨糊等辅助材料。

2. 出示各种材料与工具,简单介绍制作方法。

● 教师:这种特别的风筝需要一种很特殊的材料——塑料袋。

● 教师:塑料袋怎么能用来做风筝呢?

第一步:设计构思。

教师:首先要想好自己想做一只什么样的风筝。

第二步:合理选材。

教师:把自己需要的材料准备好,稍微多选一些也可以。

第三步:动手操作。

教师:根据自己的设计,充分运用身边的各种材料,有个性地装饰塑料袋风筝。将需要的图案画在对应的色卡纸上,剪下来,背面贴上双面胶,接着把塑料袋压平,选择适当的位置粘好。

第四步:完工述意。

教师:用绳子穿过袋子将两只耳朵打结固定。

3. 幼儿尝试操作。

● 教师提醒幼儿要先想好再开始。

● 强调打结时不能扎紧袋口。

4. 请幼儿讲解自己小组设计制作风筝的过程。

4. 放飞风筝

活动目标

1. 学会放风筝的基本方法，乐于探索解决问题的方法。
2. 能发现风筝飞行的条件。
3. 享受大自然的乐趣，乐于与朋友合作放风筝。

活动准备

幼儿搜集的各式各样的风筝、线轴、网上下载的风筝图片等。

活动过程

1. 教师确定放飞的地点、时间。
2. 通知各小组幼儿带上自己制作的风筝，与幼儿讨论怎样才能放飞风筝，确定风向风力。引导幼儿说出要有风、要逆着风飞才能飞起来。
3. 各小组幼儿互相协作放飞风筝。
4. 组织大家讨论风筝不能起飞的原因。（骨架太松、不对称、尾巴轻等问题）
5. 鼓励幼儿探索解决风筝不能起飞的办法，并对风筝进行改进。
6. 教师对活动进行总结，并肯定幼儿的表现。

5. 和爸爸妈妈一起放风筝

活动目标

1. 和爸爸妈妈一起放风筝，加深亲子感情。
2. 在共同放风筝的过程中，密切家园关系。
3. 体验成功的喜悦，感受生活的美好。

活动准备

1. 幼儿自己制作的风筝、照相机、摄像机。
2. 相对空旷的地方，避免放飞的时候风筝互相“打架”。
3. 穿上轻便的衣服和鞋子。

活动过程

1. 幼儿、家长和教师一起放飞孩子们自己制作的风筝。
2. 教师讲述放飞相关的要求、时间等。
3. 家长和幼儿共同放飞风筝。

- 教师：孩子们，你们玩得开心吗，为什么？
- 请幼儿对爸爸妈妈说一句甜甜的话。

4. 听音乐，和爸爸妈妈跳支风筝舞蹈。

主题六：种豆豆

（中班・下）

第一部分：主题背景及目标

（一）主题背景

春暖花开，正是最适宜种植的季节，古语说："清明前后，种瓜种豆。"豆子，是秋收时满满的收获，是餐桌上美味营养的食品，也是比较容易种植成活的种子。想起儿时，跟着阿婆去菜园里种豆，阿婆会穿上一个围兜，兜里鼓鼓的很神秘，原来装着要做种子的蚕豆、豌豆、豇豆等等。当小铲子越过土壤的表层深深插进土壤里层后，巧手阿婆跟手就在面前的口袋里抓住一把豆悄无声息地撒进铲子插过的土壤缝隙深处，继而麻利地将土壤再轻轻合上，田野里似乎没留下任何痕迹，而豆豆自此已在土壤深处开始新的生命历程……待到秋收时，利用蚕豆串项链、做乌龟，抓把野豌豆吹口哨，是每个小朋友必会的本领；至于炸黄豆、五香蚕豆、绿豆汤，这些都是我们农村娃舌尖上最美味的零食。

《指南》中建议，支持幼儿在接触自然、生活事物和现象中积累有益的直接经验和感性认识，引导中班幼儿感知和发现动植物的生长变化及其基本条件。我们选取生活中最常见的植物——豆子作为材料，让幼儿探索观察其外形特征、生长变化和作用价值。通过围绕豆子进行的观察、分类、种植、泡发、制作等系列活动，幼儿能切身感受到植物的多样性，探索其生长的秘密。通过品尝各种豆制食品了解豆子与乡村生活的关系，更能让幼儿进一步了解乡村传统美食工艺与饮食文化。

（二）主题目标

1. 通过观察、比较、操作、调查等方法，让幼儿了解各种常见豆类植物的生长过程，激发幼儿的好奇心和探究的欲望。

2. 设计种植(水培、土种、沙种)、管护、采摘、收获、加工等实践活动,帮助幼儿积累丰富的感性知识和经验。

3. 利用铲、耙等农具,以及幼儿家门前屋后适合种豆的田地,幼儿园的种植园、自然角等资源,培养幼儿热爱生命、阳光和空气,喜欢动脑动手,热爱大自然的情感。

(三) 关键经验

1. 引导幼儿收集品种多样的豆子,观察其外形的不同特点,感受植物的多样性。

2. 带领幼儿探索豆子不同的种植方法,能连续观察其生长变化的情况,并用绘画、数字的形式进行简单的种植记录。

3. 带领幼儿一同尝试制作美味的豆制品,了解豆子与乡村生活的关系。

(四) 核心词汇

豆子、种植、发芽、生长变化、观察记录、豆制品。

第二部分:资源准备

(一) 环境资源

1. 有适合幼儿种豆子的种植园地。

2. 联系会制作豆酱、豆腐、绿豆糕的专业人员。

(二) 材料资源

1. 关于豆子和种植的绘本。

2. 收集品种多样的豆子(黄豆、绿豆、红豆、蚕豆、黑豆、芸豆等),透明的密封罐,种植器皿、泡发器皿、铲子、水壶等种植工具,石磨、豆浆机、电磁炉、勺子、小碗等。

3. 观察豆子种植过程的生长记录本、数码相机。

(三) 主题探究流程

1. 调查积累阶段:准备活动。

(1) 请幼儿收集各种各样的豆子,认识豆子品种的多样性。

你收集的是什么豆子? 它是什么样子的? 不同豆子长得相同吗? 不同豆子之间

有什么共同之处？

(2) 购买新鲜上市的毛豆、蚕豆、豌豆等，进行剥豆子活动。

2. 操作实施阶段：利用自然物开展探索活动。

(1) 带领幼儿种植豆子。

豆子从哪里来的？它是种子吗？

有哪些方法可以种豆子？（土壤种植、水中泡发）

经常观察豆子的生长变化，并将其变化用绘画的形式记录下来。

(2) 利用豆子开展各类游戏活动。

进行分豆子、数豆子、称豆子等数学游戏。

阅读关于豆子的绘本故事和古诗，学说关于豆豆的绕口令。

玩相关的音乐游戏，感受“种豆豆”主题活动的丰富多彩。

(3) 制作美味的豆制品。

在专业人士的指导下，尝试自行制作豆浆、豆腐、绿豆糕等食品，学习使用石磨磨豆、纱布过滤、木板压榨的基本方法。

(4) 实验：泡发豆芽。

学习泡豆芽的方法，总结加水、避光、掌握时间的经验。

利用不同的豆子泡豆芽，长出的豆芽一样吗？

(5) 豆豆的创意。

利用各种大小、颜色不同的豆子，进行拼贴造型的艺术创作。

个头较大的豆子可以制作小动物立体造型。

3. 展示总结阶段：梳理幼儿的相关经验。

(1) 学习使用简单的符号、标记、数字等，对观察的豆子生长情况进行记录。

(2) 进行不同种类豆子在不同种植环境下的发芽对比实验。

(3) 后续观察和讨论。

第三部分：领域渗透

（一）健康领域

1. 制作《我的蔬菜食谱》。

尝试设计自己喜爱的食谱，初步了解荤素搭配食谱并建立营养均衡的概念。

2. 体育游戏“种豆子”。

布置画有直线、摆放器械的场地，通过“种豆子”的游戏场景，发展幼儿双脚在直线两侧行进跳的能力，鼓励幼儿坚持通过多个器械完成种豆子的任务。

（二）语言领域

1. 阅读绘本故事《会爬的豆子》《小豆丁拜寿》。

2. 学习古诗《相思》：红豆生南国，春来发几枝。愿君多采撷，此物最相思。

3. 绕口令。

《小妞和牛》：小妞妞围个圆兜兜，牛头沟边看豆豆，忽听沟前喊抓牛，妞妞怕牛牛，踩着豆豆紧紧抓住牛牛不松手。

《兜装豆》：兜里装豆，豆装满兜，兜破漏豆。倒出豆，补破兜，补好兜，又装豆，装满兜，不漏豆。

《黑豆放黑斗》：黑豆放在黑斗里，黑斗里边放黑豆，黑豆放黑斗，黑斗放黑豆，不知黑豆放黑斗，还是黑斗放黑豆。

（三）社会领域

了解豆制品。

了解豆腐、豆浆、豆干、绿豆糕、豆沙泥、腐竹、腐乳等都是用豆子制作的豆制品，是中国的传统美食，营养丰富。

（四）数学领域

1. 豆豆分类。

利用收集的各种豆子进行整理，尝试按照某一种属性特征进行分类，并分别摆放。如：按大小、颜色、造型等分类。分类完成后，和同伴说说自己的分类方法。后续可提高难度，请幼儿根据两种属性分类。

2. 数豆豆。

根据数卡上的数字，按数取豆，增添数数活动的乐趣；也可让幼儿一把抓起豆子，比比同伴之间谁的小手抓的多；每位幼儿各抓一次不同种类的豆子，数数数量是否一样多。

3. 点豆豆。

每人10粒豆子(种类不同)，请幼儿按老师的排列要求对豆子进行排队。可按从大到小、一红一黄、两红一绿等不同的要求排，提高幼儿的观察力、辨别力和逻辑思维能力。

4. 称豆子。

学习利用小台称称豆子，并装袋，会看秤上的整刻度。后续可让幼儿按规定重量称出相应的豆子，并比较都是同样重量的豆子，哪种的豆子数量多，哪种豆子数量少，为什么。

（五）艺术领域

1. 学习歌曲《蚂蚁搬豆》，能根据歌词与同伴合作进行表演，体验玩音乐游戏的快乐。

2. 利用个头较大的蚕豆和芸豆，嵌插牙签制作成乌龟、毛毛虫等小动物造型；利用个头较小的红豆、绿豆作为辅助材料，制作泥工作品，体验自制小玩具的快乐。

3. 亲子制作“豆豆粘贴画”。利用豆子本身的颜色，粘贴出丰富的造型。

第四部分：一日生活拓展

（一）学习环境

1. 柜面展示。

准备多个大小不一的透明密封罐，将各种颜色的豆子分类装瓶，或在瓶中分层铺放，利用色彩的变化显示其装饰性的效果，摆放在矮柜上，供幼儿观察欣赏。

2. 墙面展示。

将亲子制作的“豆豆粘贴画”进行贴膜处理，展示在班级墙面。注意保持区域的环境整洁。

（二）区域活动

1. 科学区。

尝试利用各种大小不一的豆子进行数豆子、称豆子的活动。

2. 美工区。

利用豆豆嵌插小动物造型，制作泥工作品等。

（三）生活环节

1. 豆制品品尝会。

收集多种多样的豆制品（茶干、腐乳、豆沙泥等），尝试制作一些豆制品（豆腐脑、绿豆糕等），品尝美味、营养的豆制品。

2. 帮助厨房剥毛豆、蚕豆，折豇豆、四季豆；学习打千张结，促进手部精细动作的发展，增强劳动意识。

3. 认识豆浆机，学习利用机器制作豆浆。

（四）家园共育

1. 在家长中寻找会制作豆酱、豆腐、绿豆糕的专业人员，开展家长助教活动。

2. 亲子制作“豆豆粘贴画”，尝试用家中的各种豆子绘制出各种图案，体验活动的乐趣。

3. 亲子聊天话题：爸爸妈妈小时候用豆子怎么玩？豆子还有什么作用？

第五部分：资源菜单——经典案例

1. 种豌豆

活动目标

1. 感知豌豆种子的外部特征。
2. 尝试使用一些简单的种植工具种植豌豆。
3. 对种植活动感兴趣，体验自己种植豌豆的快乐。

活动准备

1. 豌豆种子、豌豆食品、小兔子头饰、幼儿照片等。
2. 铲子、喷壶等工具，人手一个种植器皿。

活动过程

1. 品尝豌豆食品，激发幼儿的种植兴趣。

- 幼儿品尝豌豆食品。
- 激发幼儿种豌豆的积极性。

2. 观察豌豆种子的外部特征，认识豌豆种子。

教师：豌豆种子是什么样子的？摸一摸、捏一捏是什么感觉？

3. 讨论种豌豆的方法步骤，师幼种植豌豆。

- 讨论种植豌豆需要哪些材料。（迁移幼儿种大蒜的经验）

● 学习种植豌豆的方法(迁移幼儿种大蒜的经验),讨论需要用什么工具,先要干什么,怎么种。

● 师幼共同小结:装土——挖坑——播种——盖土——浇水——施肥等。

4. 师幼共同种植豌豆,给豌豆浇水。

● 提醒幼儿操作时注意安全地使用铲子。

● 教师:要想让豌豆种子快快发芽,还要做什么呢?

5. 活动小结,收拾种植工具。

活动延伸

制作标记,方便幼儿对自己种植的豌豆进行观察记录。

2. 种蚕豆

活动目标

1. 观察比较干、湿蚕豆的外形特征,了解种脐。
2. 学习两两合作,种植蚕豆。
3. 体验种蚕豆的快乐与不易,懂得珍惜我们身边的食物。

活动准备

1. 在自然角做种子发芽对比实验。
2. 事先发放"蚕豆种植方法调查表"。
3. 蚕豆食品、铲子、水壶、蚕豆种子、泡好的蚕豆种子。

活动过程

1. 品尝蚕豆食品,导入活动。

2. 幼儿了解蚕豆的外部结构,学习挑选蚕豆种子。

● 幼儿观察干、湿两种蚕豆,表述蚕豆的外形特征。(重点认识种脐)

● 师幼讨论:是不是所有的蚕豆都可以当种子? 为什么?

教师:小朋友们都很聪明,看得非常仔细,蚕豆上有蛀洞的、豆特别小的、壳的颜色枯黄的,都不能当种子。

● 看"蚕豆种植方法记录表",交流蚕豆种植的方法。

小结：先用铲子挖个小坑，再数两至三颗蚕豆种子丢进小坑里，然后轻轻把泥土盖上去，最后用水壶浇点水。（挖的坑不能太深也不能太浅，太深了蚕豆苗不易长出，太浅了蚕豆容易被雨水冲出来）

3. 小组合作种植蚕豆。

● 小组分工合作种植，教师适时给予引导帮助。幼儿种植后插上自己设计的图标插牌。

4. 探索学习管理蚕豆的方法，坚持进行观察并做观察记录。

● 教师：我们都知道了种子生长发育需要泥土、水、阳光、空气。现在谁来说说怎样才能让蚕豆长得更好？

● 小结：适量的浇水，还要除草，不能踩，不能拔，有害虫时还要消灭害虫。

5. 整理工具，结束活动。

活动延伸

教师和幼儿一起，经常到种植园关心蚕豆宝宝，看看它们有什么变化，并把它们的变化一一记录下来。

3. 豆宝宝快发芽

活动目标

1. 探索豆子发芽需要哪些条件。
2. 尝试在不同环境里让豆子发芽。
3. 乐于参加豆子发芽活动，敢于提出实验方法。

活动准备

1. 豆子若干，工具（如瓶子、盘子、水、土、盒子），幼儿记录单。
2. 幼儿生活中了解一些豆子。

活动过程

1. 导入，激发兴趣。

● 教师出示几种幼儿常见的豆子（红豆、黄豆、绿豆），让幼儿说出他们的名称。

● 教师：我们能让这些豆子宝宝发芽吗？你怎样做，能让它们发出小芽？

2. 教师引导幼儿,并提出让豆子发芽的方案。

● 教师:怎样做才能让他们发芽?把豆子放在什么地方?需要什么东西?还要做什么?为什么这样做?有什么根据吗?

教师提供材料,支持幼儿根据猜想结果去进行准备活动,如带领幼儿采集沙土,准备各种塑料小盒、瓶罐等。

● 教师:你的豆子放在哪里?你怎样做的?他们发出小芽没有?没有发芽的可能原因是什么?

● 教师要和幼儿随时随地观察豆子的变化,及时组织幼儿观察、讨论出现的问题,并激发幼儿寻求解决问题的方法,鼓励幼儿说出自己的经验。

3. 引导幼儿讨论,幼儿相互交流豆子发芽的条件及生长过程。

教师:豆子宝宝发芽了吗?你知道让豆子发芽需要什么?

活动延伸

日常饮食中,引导幼儿说一说哪些是植物制作成的食物,让幼儿明白植物与人类的关系。

4. 中国牛奶——豆浆

活动目标

1. 了解古时候和现在使用不同的工具制作豆浆。
2. 知道豆浆的营养价值。
3. 积极参与制作并品尝豆浆。

活动准备

1. 一段石磨磨豆浆的视频、石磨图片。
2. 预先泡好的黄豆、砂糖、豆浆机等。
3. 一杯制作完成的豆浆。

活动过程

1. 教师出示热乎乎的豆浆,让幼儿认识豆浆。

● 看一看:是白色的,有一点乳白色,像牛奶一样,上面有泡泡。

● 闻一闻:香香的,有豆子的气味。

● 尝一尝：说出杯中的液体是什么。

2. 观看石磨磨豆浆的视频，认识古代豆浆制作的过程。

● 豆浆是用什么制作出来的？

● 教师出示黄豆，让幼儿观察黄豆的外形。

● 教师出示石磨图片，并告诉幼儿，以前的人把泡过水的黄豆，倒进石磨转呀转，浆汁就会慢慢地流出来，再煮一煮，变成了充满豆子香的豆浆。（有条件的可以尝试一下石磨磨豆浆）

● 教师出示豆浆机：现在，有了豆浆机，又方便又卫生。

3. 现场制作豆浆。

● 出示泡好的黄豆，让幼儿通过看一看、摸一摸来感知和未泡的黄豆的区别。告诉幼儿，在制作豆浆的时候，必须用泡好的黄豆。

● 在豆浆机内倒入水，将泡好的黄豆放进豆浆机，让幼儿按下按钮。

4. 品尝豆浆。

● 教师和幼儿共同品尝美味的豆浆。

● 教师讲述豆浆及其营养和多喝豆浆的益处。

豆浆是中国人喜欢的早餐之一，豆浆和牛奶一样含有丰富的蛋白质和钙质，又被称为“植物奶”，对有些不能喝牛奶的人而言，豆浆就成了牛奶的最佳替代品。豆浆里面含有丰富的卵磷脂，还能预防高血压、血管硬化。豆浆一定要煮熟才能饮用，不然会引起中毒。

活动延伸

尝试进行五谷豆浆的制作。

5. 滑溜溜的豆腐

活动目标

1. 初步认识常见的豆制品，知道豆制品是黄豆做成的。
2. 通过观察豆腐的制作过程，了解用白醋点豆腐的重要性，尝试压制豆腐。
3. 喜欢吃豆制品，知道豆制品有利于身体健康。

活动准备

1. 几种常见的豆制品（如：豆腐、百叶糕、豆腐干等）。

2. 电磁炉、汤锅、白醋、豆腐模具、纱布等。

3. 每个小朋友一只碗和一把勺子。

活动过程

1. 品尝豆浆，迁移幼儿制作豆浆的经验，引出豆制品是黄豆做成的。

● 教师：小朋友们，看，老师今天带来了什么？（出示豆浆）我们来尝尝看好不好？

幼儿品尝豆浆。

● 教师：黄豆宝宝本领很大，它除了能做成豆浆，还能做成很多东西。今天老师带来了一些，我们一起来看看，都有些什么呀？

请幼儿上来介绍。（从颜色、触摸感、软硬程度方面介绍）教师在旁帮助。

● 教师：你们介绍得真不错！

2. 引出豆制品概念，认识其他黄豆制品。

● 教师：用黄豆做成的东西，它们有一个共同的名字，叫豆制品。

● 教师：你们吃过豆制品吗？你吃过哪些豆制品？为什么要吃豆制品？

小结：豆制品营养丰富，含有蛋白质和维生素，能增强我们的身体抵抗力。

4. 制作豆腐。

● 教师：今天我们一起来制作豆腐。（利用电磁炉和汤锅等，教师一边操作一边讲解，引导幼儿观察豆浆的变化）

● 教师：制作豆腐还有一个非常重要的东西——白醋，示范“点”豆腐。

● 教师：小组合作，将带花的豆浆倒入豆腐模具中，幼儿尝试合作压制豆腐。

在压制豆腐的过程中，提醒小朋友们要仔细观察。（模具中压制出的豆腐水越来越少）

5. 幼儿品尝豆腐。

● 教师：豆腐已经压制 20 分钟了，我们打开看看，豆浆有没有变成豆腐呢？

活动延伸

品尝自己参与制作的豆腐，说说豆腐有哪些吃法。

大　班

主题一：五谷丰登

（大班·上）

第一部分：主题背景及目标

（一）主题背景

从夏季到秋季，自然界会发生许多的变化，草儿变黄了，树叶落了，树上结果子了……秋天是一个绚丽多彩的季节，也是一个丰收的季节。它有着非常鲜明的季节特征和可供探究的资源，它是一个给孩子们多种感受的季节，比如果实的成熟、农作物的丰收等。和城里的孩子相比，乡村的孩子有着得天独厚的条件，每天和大自然亲密接触，在田间地头奔跑玩耍，目睹爸爸妈妈劳动，还能帮忙做一些力所能及的事情，积累了丰富的生活经验。但是如果不加以正确的引导，孩子们往往对这些充满科学资源的事物熟视无睹，或者仅仅满足他们粗浅的操作与玩耍需要，这些丰富的资源就起不到应有的教育资源功能。

大班的幼儿口语表达能力、观察能力、动手能力进一步提高，他们对喜欢的事物很感兴趣。因此，设计"五谷丰登"主题，从秋天的农作物入手，通过参观、观察、参与收获、品尝等活动，加深幼儿对植物的外形特征和用途的认识，积累相关感性经验，体验劳动的快乐，从而培养幼儿爱惜粮食、珍惜生命、尊重劳动人民的优良品质。

（二）主题目标

1. 通过观察、比较、操作等方法，使幼儿了解农作物的生长过程，激发其好奇心和探究欲望。

2. 设计播种、浇水、施肥、拔草、收获等农活，帮助幼儿积累丰富的感性知识和经验。

3. 运用乡村的农作物资源，培养幼儿热爱生命、热爱大自然的情感，以及适应并喜欢农村纯朴自然的生活。

（三）关键经验

利用平时散步的机会，或者来回幼儿园的路上，随时随地带幼儿观察了解植物的变化。外出观察寻找秋天及秋天的事物，认识各种身边常见的农作物并参与收获活动，积累丰富的感性经验。比如：认识水稻，可以带孩子从选种开始，到播种、拔秧苗、插秧到秧苗的养护管理，再到水稻由绿变黄，一直观察到水稻的收获和稻子变成大米，让孩子对水稻有完整的认识。

（四）核心词汇

秋天、农作物、果实、观察、发现、季节、收获、丰收、快乐、田地。

第二部分：资源准备

（一）环境资源

1. 幼儿园内或附近村庄、道路两旁的花草树木；幼儿园附近农户的农田、菜园等自然环境。

2. 创设班级环境“丰收的秋天”，展示每一次外出活动的收获，如调查问卷、集体记录表、幼儿作品等。

（二）材料资源

1. 用于收获农作物的农具，如绳、筐、口袋等。外出时注意个人和同伴的安全，自带的小工具要放在小篮子里，不要拿在手上。

2. 用于收集展示各种种子的小透明塑料袋。

3. 幼儿每人一张调查表：“我发现××的变化”。

我发现××的变化

姓名：

日期	植物名称	我的发现（幼儿口述、家长记录）

4. 一张大的集体记录表。

植物收获一览表

	名称	外形	收获方法	用途
第一次收获的植物				
第二次收获的植物				
第三次收获的植物				
……				
……				
……				

5. 将教室墙面布置成“丰收的秋天”主题墙。

（三）主题探究流程

1. 第一阶段：调查积累阶段。

(1) 观察与发现：花草树木的变化，天气的变化，人们穿着的变化。

(2) 谈话活动：我发现××的变化。

(3) 事先踩点：准备好活动内容、参观路线，联系好农户。

2. 第二阶段：操作实施阶段。

(1) 带幼儿参观，感受秋天自然界发生的变化，认识秋天各种瓜果蔬菜及粮食。

(2) 参与收获活动，引导幼儿了解秋季成熟的农作物与人们生活的关系。

(3) 共同充实“丰收的秋天”主题墙内容，收集一些关于花草树木的图书，拓展幼儿的知识面。

3. 第三阶段：分享总结阶段。

(1) 实物展示、各种各样的种子展示、手工作品展示、种子造型创作、种子贴画展示。

(2) 主题活动探究过程展示。

(3) 主题探究活动反思。

第三部分：领域渗透

（一）健康领域

幼儿也和植物一样慢慢长大，在教室内贴上量身高的线条、尺子等，幼儿可自由量身高，做记号；收集各种植物的种子；开展品尝活动，进行不挑食、多吃五谷杂粮、喝豆浆等方面的教育。

（二）社会领域

根据季节变化，带幼儿观察乡村农作物的变化，参与收获活动，体验劳动的辛苦和快乐。参观粮食加工厂，观察稻粒通过机器碾成大米的过程，或观看麦子通过机器碾成面粉的过程。欣赏古诗《悯农》，教育幼儿爱惜粮食，感恩爸爸妈妈的辛苦劳动。在家里，提醒幼儿观察、交流、参与爸爸妈妈的劳动，做一些力所能及的事情，如：帮忙择菜、分发碗筷、帮忙拿一些劳动工具等。

（三）科学领域

1. 利用身边自然物品练习数数、学习测量、学习称重等技能。如：数数拾了多少颗稻子，数数有多少颗花生，数数有多少颗豆子；用尺子或手掌量一量甘蔗的长度，比一比哪根甘蔗长；用秤称一称“大豆有多少”。

2. 经常带幼儿到户外路边、村庄及农田里观察，发现随着季节的变化农作物发生的变化，特别是发现水稻、棉花等农作物形状、颜色的改变，把每次的观察结果记录在观察表中，加深幼儿对部分农作物生长过程的关注与了解。

（四）艺术领域

1. 每一次参观活动结束后，带回一株植物让幼儿回教室进行临摹写真，通过收集植物种子，让幼儿进行种子贴画、种子造型创作。用收集的棉花让幼儿学习捻棉线；用收集的稻草让幼儿学习扎稻草人、搓草绳、编草帘以及看民间艺人编草鞋；用收获的蔬菜做“蔬菜印章”。

2. 音乐和动作：用《丰收舞》音乐，创编各种收获农作物的动作；音乐《白白的馒头哪里来》可以改编成《白白的大米哪里来》；音乐《摘苹果》，边唱边做动作，也可改编成《摘柿子》《摘棉花》等。

第四部分：一日生活拓展

（一）学习环境

1. 大自然就是大课堂，把幼儿带出去，扩大幼儿视野，让幼儿用自己的眼睛、嘴巴、小手、身体和大自然不断地发生互动，获取第一手感性材料。

2. 有意识地从幼儿生活起居入手，谈谈自家房前屋后花草树木的变化、爸爸妈妈的劳动，引导幼儿关注身边事物的变化；创设一个适合幼儿交往、探索的种植收获环境，这些能够成为幼儿印象深刻的记忆。

3. 在教室后面的墙上布置“丰收的秋天”主题墙，把每次参与收获的农作物带回挂在墙上，上面分区布置成“种子区”“作品展示区”“实物展示区”等。给集体制作的“植物收获一览表”做个封面，挂在主题墙下供幼儿随时翻阅。

（二）区域活动

1. 科学区。

提供各种植物的种子、塑料盘子、塑料杯子、棉花、水、笔、纸等，幼儿可以自由做实验，教师引导幼儿去观察、比较、讨论，并记录它们的变化，如“种子发芽”；摆放幼儿带来的自然物品（沙石、泥土）、农作物的果实等供幼儿自由操作，如“物体间隙”操作实验，鼓励同伴之间相互讨论，相互学习，体验成功的快乐。

2. 美工区。

在教室一角放些植物的根、茎、叶、果实等，让幼儿进行创意小制作，如：用棉花捻线、搓草绳、编草帘、扎稻草人等。

在教室里布置主题墙，展示秋季收获的农作物和幼儿的作品，可以是临摹写生画、种子贴画，也可以是幼儿用农作物制作的小作品、果实造型以及幼儿的观察记录表，充实主题墙的内容。

3. 阅读。

收集植物实物，提供有关农作物的书籍，让幼儿在阅读中掌握一些知识，解决一些问题，鼓励幼儿多提问，培养幼儿对阅读的兴趣。

4. 音乐角。

提供音乐，让幼儿根据音乐表演收获农作物或蔬菜的动作。

（三）生活环节

根据季节的特点，午餐和点心建议吃一些由幼儿参与收获的农作物或蔬菜制作的五谷杂粮饭、菜。如：大米、面粉、青菜、萝卜、山芋、花生、豆类等。

（四）家园共育

请家长向幼儿介绍一些有关植物方面的知识，扩大幼儿知识面；让幼儿参加一些力所能及的劳动，丰富生活经验。

（五）其他

在教室一角摆放幼儿带来的实物，自由观察、欣赏，相互讨论，相互学习。展示幼儿每一次参与参观、收获活动的照片，按照顺序贴在海报纸上做成主题海报，让幼儿边欣赏边与同伴进行交流，回忆活动内容，加深记忆。

第五部分：资源菜单——经典案例

1. 丰收的秋天

活动目标

1. 感知秋天丰富的色彩，知道秋天是个丰收的季节。
2. 通过观察与走访村庄、田野、菜园，知道秋天许多农作物、蔬菜、水果都成熟了。
3. 产生喜欢秋天、热爱大自然的情感。

活动准备

1. 教师事先联系好参观的村庄、农田和菜园，计划好幼儿参观路线。
2. 幼儿穿轻便的衣服和鞋子。
3. 幼儿平时已认识一些农作物。

活动过程

1. 出示调查表“我发现××的变化”，请幼儿谈谈自己发现了什么。

可以交流在家门口、房前屋后、村庄、道路、田地以及在上幼儿园的路上的观察与发现，或者家里吃了什么、爸爸妈妈的劳动等等。

2. 告诉幼儿参观的地点，并讨论外出参观的注意点，使每一个幼儿都能遵守集体规则，与同伴一起关注秋天植物的生长变化。

3. 参观并认识几种常见的果树、蔬菜和农作物。

● 带领幼儿观察村庄里的果树，鼓励幼儿大胆地说出各种果树的名称、外形特征。

● 带领幼儿观察菜园，请幼儿说说自己认识的菜，它是什么样子的、什么味道的。

● 引导幼儿观察秋天的农田，说说农田里的农作物是什么，它们是什么样子的。

● 小结：秋天到了，除了各种各样的水果成熟了，许多农作物也成熟了，有沉甸甸的稻谷，大大的山芋，还有可爱的棉花、圆圆的大南瓜等。

4. 了解秋天农民的工作，知道要爱惜粮食。

人们在农田里做什么？人们是怎样从农田里收割农作物的？又是怎样加工的？我们吃的大米是怎么来的？面粉是怎么来的？

5. 回幼儿园进行谈话：你看到了什么？它是什么样子的？有什么用途？

6. 音乐活动《丰收舞》，幼儿尝试创编各种收获动作，体现丰收景象。

活动延伸

1. 带幼儿参观粮食加工厂。

2. 手工活动：搓草绳、编门帘。

2. 挖山芋

活动目标

1. 尝试用合适的工具收获山芋。

2. 大胆参与收获活动，同伴间相互合作。

3. 爱惜植物，体验收获的快乐。

活动准备

1. 教师事先联系好需收获山芋的农户，规划好活动路线。

2. 幼儿自带挖山芋的小工具、小筐或小篮子。

3. 幼儿平时观察过山芋的生长过程。

活动过程

1. 交代活动内容,引出主题。

● 教师:今天,我们去帮××家收获山芋。

2. 幼儿谈谈自带的小工具。

● 教师:你带了什么工具?它是什么样子的?它有什么用途?

3. 提出外出活动注意事项。

● 最适合挖山芋的工具是小锹,每人拿好,挖时注意选择土松的山芋。

● 挖山芋时,一定离山芋藤的根部远一点,防止将山芋挖断。

● 注意个人卫生,挖出来的山芋带泥巴不能马上入口,清洗干净并削皮后才可生吃。

4. 带幼儿到山芋地,观看农户挖山芋前做的准备。

用镰刀将山芋藤割掉放在一边,露出光秃秃的泥土,幼儿边看边讨论。

5. 幼儿开始挖山芋。

● 提醒幼儿小心挖,尽量不挖破山芋。大家自由挖或两两合作挖山芋,把挖出来的山芋先放在小篮子里。

● 观察自己挖出来的山芋的外形特征。

6. 把收获上来的山芋倒入农户的大筐里,收拾整理工具回教室。

7. 挖一个完整的山芋带回教室做标本,供幼儿观察、写生。

活动延伸

1. 品尝山芋。

2. 根据山芋外形进行造型创作。

3. 摘棉花

活动目标

1. 通过参与和体验收获活动,探究摘棉花的方法。

2. 认识棉花的外形特点,了解棉花的用途。

3. 爱惜植物,体验收获的快乐。

活动准备

1. 教师事先选择好地点并联系好农户，计划好幼儿行走的路线。

2. 幼儿自带手套和装棉花的小口袋。

3. 幼儿平时观察过棉花，知道棉花的生长过程。

活动过程

1. 交代活动内容。

● 教师：今天，我们又要出去帮××家收获棉花啦。你认识棉花吗？

● 幼儿自由谈谈对棉花的印象。

2. 提出外出活动注意事项。

● 在棉花地里穿行时用手将枝条拨开，防止划伤脸部。

● 采摘棉花时动作要轻柔，选择成熟发白的棉花将之采下，不要碰待开放的棉花和正待成熟的棉桃。

3. 带领幼儿边走边观察，把幼儿带到棉花地。

● 提问：你看到了什么？棉花是什么样子的？棉桃是什么样子的？我们要收获的棉桃是什么样子的，什么颜色？

● 请农户讲解一下成熟棉花的特征。

● 教师提出参与活动的安全要求。

4. 幼儿开始帮忙收获棉花，教师提醒幼儿注意安全，同伴相互合作，把收上来的棉花先放在小口袋里。

5. 幼儿将收获的棉花全倒入农户的大口袋里。

6. 幼儿谈谈收获棉花时的发现和自己劳动的心情。

7. 收拾整理。

请农户连根挖一棵棉花，带回教室做标本，供幼儿观察写生用。

活动延伸

1. 写生画：棉花。

2. 幼儿自制工具体验用棉花捻线。

4. 有趣的种子

活动目标

1. 提高发现问题并且自我寻求问题答案的意识和能力。

2. 观察、发现各类蔬菜和水果的种子，同时了解种子的形状、颜色、大小。

3. 形成对种子的好奇心和探究欲望。

活动准备

1. 各类水果、蔬菜若干，盘子若干，油菜、芹菜、白菜、萝卜、韭菜、香菜、葱等各类蔬菜种子 。

2. 幼儿自带一些水果、蔬菜。

3. 幼儿已认识一些常见的蔬菜、水果。

活动过程

1. 激发幼儿的学习兴趣，鼓励幼儿把自己带来的蔬菜和水果的名称相互介绍一下。

● 教师：你带了什么？它叫什么名字？是什么样子的？

2. 引导幼儿将蔬菜、水果分类 。

● 引导幼儿按照豆类、瓜果类、菜类等进行分类。

● 教师：你是怎么分的？为什么这样分？

3. 提出问题，幼儿分组进行找种子活动，教师巡回指导。

● 教师：种子在哪里？是什么颜色、什么形状的？大小如何？

● 请幼儿把找到的种子分开装到盘子里。

提醒幼儿辣椒、葱比较辣，注意别弄到眼睛上，以免辣到眼睛。

4. 集体讨论找种子的情况。

● 南瓜、西红柿、茄子、黄瓜、辣椒、豌豆、扁豆等蔬菜都有种子。

● 西瓜、香蕉、葡萄、苹果、梨、橘子、枣、山楂、石榴、柿子等水果都有种子。

● 种子的颜色：有白色的、红色的、黑色的、紫色的，还有带复色斑纹的。

● 种子的形状：豌豆的种子是圆球形的；扁豆的种子却像被脚踩扁了似的；西红柿、辣椒的种子是一粒粒的、小小的而且特别多；茄子、香蕉的种子又黑又小，不容易发现；南瓜的种子与西瓜种子相似，但颜色不一样；苹果、梨的种子非常相似等。

5. 教师小结：有些蔬菜虽然现在找不到种子，如油菜、芹菜、白菜、萝卜、韭菜、香菜、葱等，但是这些蔬菜是有种子的。当这些蔬菜成熟到一定程度（慢慢长大，直到开花结种）的时候，也就有了种子。引导幼儿仔细观察蔬菜图片，认识蔬菜种子。

活动延伸

1. 利用日常生活中吃水果、点心环节，支持幼儿继续开展找种子的探索活动，让他们在活动中逐渐积累种子的相关经验。

2. 收集一些幼儿没见过的种子，贴上标志，供大家观察、欣赏。

5. 物体之间的秘密

活动目标

1. 通过操作，了解物体与物体之间是有间隙的。
2. 探索科学、有序、合理安排不同物体的空间。
3. 同伴间相互合作，体验成功的快乐。

活动准备

1. 每组一个大瓶子、一个筐子。

2. 每组一个山芋、三个土豆、十颗蚕豆、红豆若干，也可以是幼儿平时收集的物品。

活动过程

1. 观察筐子里的东西，说说山芋、土豆、蚕豆、红豆有什么不同。
- 教师：谁愿意来说一说，筐子里有什么？它们有什么不一样呢？
- 教师小结：这些东西有的大，有的小，有的扁，有的圆。

2. 幼儿探索、尝试把山芋、土豆、蚕豆、红豆都装到一个大瓶子里。
- 教师：今天老师要请你们把筐子里的东西都装到一个瓶子里，试试看吧！
- 幼儿合作操作，教师指导幼儿注意操作规则，不要把红豆撒到外面。

3. 说一说发现。
- 教师：谁愿意来说一说，你们是怎么装的？你们成功了吗？
- 幼儿相互讨论，怎样把这些东西全装进去。

4. 引导幼儿将掺在一起的东西分开，再进一步探索其他的装瓶方法。

5. 交流和讨论实验结果。

● 教师：这一次你成功了吗？你是怎么装的？

● 讨论：为什么先装山芋，再装土豆和蚕豆，最后装红豆的方法比较容易成功呢？

6. 引导幼儿懂得物体与物体之间是有间隙的，要学会合理安排不同物体的空间。

● 教师：先装山芋，因为山芋占的地方大，然后放土豆，这样土豆就把大的空隙给填上了，再放蚕豆，最后再放上红豆，这样蚕豆、红豆又把更小的缝隙也给填上了，所以最后它们都被装了进去。

7. 拓展幼儿对物体间间隙的理解，引导幼儿再次尝试。

● 教师：装满的瓶子里，还能再装上半杯水吗？为什么？

8. 幼儿分享交流实验的结果，进一步感知水所占的空间。

● 教师：你们都成功了吗？为什么这么满满的一瓶子山芋、土豆、蚕豆、红豆，还能装上这半杯水呢？

9. 活动结束，幼儿收拾整理材料。

活动延伸

把实验材料投放到幼儿的活动区中，根据幼儿的兴趣和活动情况，可进一步引导幼儿探索各种物体之间的间隙，比如尝试装核桃、花生、豆子，或者石头、鹅卵石、沙子等。

主题二：冬天的秘密

（大班・上）

第一部分：主题背景及目标

（一）主题背景

随着天气、周围环境以及人们衣、食、住、行的变化，大班幼儿对冬天的到来有了初步的感知和体验。对他们来说，寒冷的冬天太奇妙、太神奇了，特别是冰、霜、雪、雾等自然现象。在观察自然现象的同时，他们可以做很多让自己感到快乐的事情，如下雪时，可以打雪仗、堆雪人、滑雪、看雪景；起雾时，可以玩捉迷藏的游戏；结冰时，可以做冻冰花实验等。

动植物们是如何过冬的也是大班幼儿关心的话题。不同的动植物有着不同的过冬方式，如动物中，大雁会南飞，青蛙会冬眠，松鼠会存储食物，家禽和家畜会通过换毛或奔跑、摩擦、碰撞、滚动、糊泥等方式来取暖过冬等。植物中，落叶树会通过落叶过冬；常青树因其特殊的蜡质厚叶，所以不用落叶过冬。人们还通过大棚养殖、玻璃暖房种植、给树捆草绳等方式帮助植物过冬等等。

对于大班幼儿来说，他们有太多的疑惑、太多的惊讶、太多的奇思妙想……他们对自己感兴趣的事物总喜欢刨根问底，也愿意主动探索寻找问题的答案，而且享受发现的乐趣。从幼儿对冬天所产生的神秘感和已了解的知识内容出发，我们将以冬天的变化为着眼点，在揭开冬天神秘面纱的同时，让他们对冬天有更全面的认识。

（二）主题目标

1. 通过观察、比较、操作、实验等方法，引导幼儿发现并描述冬季里不同自然现象（雪、冰、霜、雾、霾）的基本特征以及产生这一现象的原因，激发幼儿主动探索冬天奥秘的兴趣。

2. 引导幼儿关注和思考动植物的外部特征、习性与生活环境对动植物生存的意义，培养幼儿热爱大自然的情感。

3. 支持幼儿与同伴合作探究与交流，引导他们在交流中尝试整理、概括自己探究的成果，体验合作探究和发现的乐趣。

（三）关键经验

1. 通过气候、人们生活起居、穿着打扮、身边的动植物等一系列变化，对冬天的到来有初步的感知和体验。

2. 能调动多种感官，通过观察、比较与分析，发现并描述冬天里动植物以及自然现象的特征或前后变化。

（四）核心词汇

冬天、自然现象（雪、冰、霜、雾、霾）、植物过冬、动物过冬、观察、数据。

第二部分：资源准备

（一）环境资源

1. 幼儿园内或周边社区有植物（落叶树、常青树、小草、花等）、动物、冬季自然现象（雪、冰、霜、雾、霾）等的自然生态环境及场地。

2. 幼儿和教师共同参与“冬天的秘密”主题环境布置，将幼儿的作品展示出来。

（二）材料资源

1. 各类记录表、操作单。

2. 实验材料。

冻冰花实验：塑料盒（也可以将塑料瓶修剪一下使用）、彩色材料（幼儿玩具、彩色纸片、海报剪纸等）、水、线绳。

水加热实验：烧水锅具、电路。

水蒸气遇冷实验：烧水锅具、电路、一块不小于锅具口的透明玻璃片。

3. 操作工具。

教师为幼儿提供可能需要的各种工具，如：记录笔、剪刀、透明塑料杯等，并且放在幼儿拿取方便的地方，便于幼儿操作过程中及时找到自己需要的工具材料。

（三）主题探究流程

1. 第一阶段：调查积累阶段。

(1) 观察与发现：天气、动植物以及人们衣、食、住、行的变化。

(2) 谈话活动：冬天趣事知多少。

(3) 收集有关人类、动植物过冬的图片等资料。

2. 第二阶段：操作实施阶段。

(1) 与幼儿共同讨论、布置主题"冬天的秘密"相关环境，并将师幼收集到的图片、绘本等资料进行整理、摆放，方便幼儿取阅、观察、讨论和操作。

(2) 发现幼儿观察讨论的兴趣点，真诚地接纳、多方面支持和鼓励幼儿的探索行为。

(3) 教师观察幼儿的探索，适时与幼儿发生互动，鼓励幼儿根据观察或发现提出值得继续探究的问题，并能将自己的发现和解决问题的方法进行表述与分享。

3. 第三阶段：展示总结阶段。

(1) 幼儿作品展。

(2) 主题活动展示。

(3) 主题探究活动反思。

第三部分：领域渗透

（一）健康领域

1. 通过适宜的体育锻炼器材、游戏活动，养成不怕冷、坚持参加体育活动的良好习惯。

2. 天冷我不怕。

了解多喝水可以预防感冒、多擦油性的护肤品可以保护皮肤等冬季保健知识；知道如何度过寒冷的冬天。

（二）语言领域

滚雪球。

通过游戏丰富幼儿词汇，提高组词能力。（规则：一人随便说一个词，后面的人用前一个人词语中的最后一个字作为新词的头一个字）

（三）社会领域

在日常生活中进一步感受水与人们的关系，知道要保护环境清洁，不污染水，并节约用水。

（四）科学领域

通过多种感官了解冬季花卉的名称与特征（水仙花、腊梅、一品红等）。

（五）艺术领域

1. 堆雪人。

通过活动创编不同的“雪人造型”动作，感受创编的乐趣。

大雪天，真有趣，堆雪人，做游戏。
圆脑袋，大肚皮，白胖的脸，笑嘻嘻。
小弟弟，小妹妹，你牵着我，我牵着你。
围着雪人，团团转，多么欢喜。

2. 冬天到了。

学习用绘画来表现冬季景物的特征，并尝试画出小朋友冬季取暖活动的动态。

第四部分：一日活动拓展

（一）学习环境

墙面创设的内容是一个动态变化的过程，它将随着幼儿的活动不断地增减和完善。教师要以一颗不泯的童心去理解幼儿的感情与需求，以平等的合作伙伴的身份和幼儿一起活动、一起布置“冬天的秘密”相关环境，让幼儿在布置的过程中，通过观察、构思、动手，获得秋天的相关经验。

1. 冬天的秘密。

将教师、家长和幼儿收集到的有关冬天的图片、调查问卷等资料，经过分类、整理和装饰，布置到主题墙上，让幼儿感受冬天的气息。

2. 冬天的色彩。

展示幼儿在主题过程中完成的美工作品。

3. 冬天的故事。

教师记录下幼儿用语言讲述的与冬天有关的故事或语言，整理后粘贴在主题环境中，集体分享。

4. 冬天的快乐。

用照片的形式记录幼儿在主题活动中的状态，分门别类地进行展示。

5. 天气记录角。

在班级教室入口处创设一个“天气记录”角，孩子们入园时可以完成每天的天气内容记录。

（二）区域活动

1. 美工区。

准备足够的彩纸、绘画纸、笔、剪刀、胶、油泥、泥工板等材料，供幼儿在区域活动时尽可能地进行一些与主题有关的活动，如：制作雪人、剪窗花等。

2. 阅读区。

收集关于自然现象和动植物过冬的绘本，鼓励幼儿结合绘本内容来补充、完善自己对冬季自然现象和动植物过冬的相关信息；还可以根据幼儿的兴趣，提供更多的与冬季有关的绘本和相关书籍。

3. 科学区。

(1) 养殖小乌龟、小鱼等动物，并在向阳的地方泡养大蒜、萝卜、生姜等农作物，生活中引导幼儿去观察并记录它们的成长与变化，鼓励他们用较完整的语言将自己的发现与同伴分享。

(2) 制作“冻冰花”。把冻好的冰花挂在树枝或者阳台上，请幼儿一起欣赏，或让幼儿到户外把冰花放在地上拉着玩，摩擦产生的热量会使冰融化，在地面上留下一条水痕。通过这样的活动，幼儿可以探索出水的形态变化与气温的关系。

4. 音乐区。

提供优美的音乐，让幼儿随音乐用身体表现雪花飞舞、树叶飘落的状态；或是让幼儿表演与冬季有关的歌曲等。

5. 建构区。

鼓励幼儿用现有材料，为小动物建造一个可以御寒保暖的家。

（三）生活环节

散步时间，组织幼儿在园里走一走，感受冬季给大自然带来的变化；过渡环节可以和幼儿一起讨论交流：在寒冷的冬季，我们可以用哪些方式抗寒保暖等。

（四）家园共育

请家长协助幼儿收集人和动植物过冬的资料及信息，如：家里有哪些动物？它们是如何过冬的？家人是如何过冬的？做了哪些准备？

第五部分：资源菜单——经典案例

1. 植物过冬

活动目标

1. 认识落叶树和常青树，了解它们不同的过冬方式。

2. 通过观察、触摸、比较等方式，比较落叶树和常青树叶子的基本特征，能初步鉴别两种树。

3. 乐意亲近树木，能在户外活动中围绕教师的问题进行观察。

活动准备

幼儿园周边的落叶树（柳树、银杏树、梧桐树、槐树等）、常青树（松树、广玉兰等）、捆绑稻草绳的树。

活动过程

1. 结合小朋友已有经验，讨论植物是怎样过冬的。

● 教师：现在是什么季节？天气怎么样啊？我们是怎么度过寒冷的冬天的？这么冷的天植物会被冻死吗？它们是怎么过冬的？

2. 认识落叶树，探索它们的过冬方式。

● 观察落叶树树枝和树干并讨论。

教师：这棵树死了吗？为什么？

● 认识落叶树。

教师：寒冷或干旱季节到来时，叶子会枯死或脱落的树叫作落叶树。

● 感知落叶树叶子的特征，探索落叶树的过冬方式。

教师：叶子摸上去什么感觉？小朋友在叶子上发现了什么？它为什么会从树上落下来？

● 小结:落叶树的叶子宽大,叶面毛糙,上面有很多小气孔,容易散发水分,落叶可以使大树保持水分,度过寒冷的冬天,而且落叶还可以作为肥料给大树增加养分。

3. 认识常青树,探索它们的过冬方式。

● 观察常青树并讨论。

教师:是不是所有的树都落叶过冬呢?有的树为什么不落叶?

● 认识常青树。

教师:即使寒冷或干旱季节到来时,叶子也会很绿,不怎么落叶的树叫作常青树。

● 感知常青树叶子的特征,探索常青树的过冬方式。

教师:看一看叶子是什么颜色的?摸上去什么感觉?用手挤一挤叶子会发现什么?

小结:常青树的叶子很厚,叶面光滑,还有蜡质包着,水分不容易蒸发,所以它可以帮助常青树顺利地过冬。

● 了解人们帮助身边植物过冬的方式(捆绑稻草绳、移至室内等)。

教师:小朋友知道人们是怎么帮助身边植物过冬的吗?

活动延伸

请小朋友调查家中的动物是如何过冬的。

2. 动物过冬

活动目标

1. 了解动物过冬的四种方式,并能用完整的语言清楚地表达自己的发现。
2. 通过调查、交流、匹配等方式,了解动物不同的过冬方式。
3. 具有较细致的观察能力,对探索动物生活习性感兴趣。

活动准备

1. 幼儿已提前完成《我家的动物如何过冬调查表》。
2. 故事《动物过冬》。
3. 幼儿人手一份《动物过冬操作单》。

我家的动物如何过冬调查表

动物	过冬方式
……	

（备注：请幼儿用绘画的方式进行记录）

动物过冬操作单

<table>
<tr><td></td><td></td><td rowspan="4">

</td></tr>
<tr><td></td><td></td></tr>
<tr><td></td><td></td></tr>
<tr><td></td><td></td></tr>
</table>

活动过程

1. 分享《我家的动物如何过冬调查表》的成果。

● 教师：小朋友家里的动物是怎么过冬的？

幼儿和同伴自由交流分享。

● 针对小朋友的发现进行小结。

2. 通过故事，了解动物过冬的四种方式。

● 讲述故事《动物过冬》。

教师：还有哪些动物有不一样的过冬方式呢？从故事中我们一起来找找答案。

● 回忆故事中动物的不同过冬方式。

教师:故事中有哪些小动物?它们是如何过冬的?

● 小结,巩固动物过冬的四种主要方式:存储食物、冬眠、南飞、换毛。

3. 通过匹配操作,了解其他动物同样的四种过冬方式。

● 出示《动物过冬操作单》,讲解操作要求。

教师:这些动物的过冬方式和谁一样?请将它们放在相应的位置上。

● 幼儿操作,教师巡回指导。

● 交流并验证操作结果。

活动延伸

日常散步时引导小朋友进一步观察、寻找,发现生活中其他小动物是怎样过冬的。

附故事

动物过冬

寒冷的冬天来到了,大雁准备好行李要飞到温暖的南方去过冬,它来到好朋友乌龟的家准备和它告别,可敲了半天门,一点动静都没有。透过窗户,大雁发现乌龟正一动不动地躺在床上。这可吓坏了大雁,它大声地呼喊:“不好了,不好了,乌龟生病了。”它的喊声惊动了住在大树上的松鼠,松鼠来到它面前轻轻地说:“放心,没事的,乌龟只是在冬眠,明年春天你回来的时候,它就会醒了。”“原来是这样。”大雁长长地舒了一口气,然后对松鼠说:“天气变冷了,我要飞去南方过冬,你要和我一起去吗?”“谢谢你!我已经储存了很多的粮食,一个冬天我就可以待在家里不用出门了。”“好的,那我先走了。”

和松鼠道过别,大雁就向南方飞去了,路上它又遇到了狮子。“狮子狮子,天气变冷了,我要飞去南方过冬,你要和我一起去吗?”“谢谢你!我已经穿上了厚厚的毛皮大衣,再冷的冬天也不怕了。”

原来大家都有自己过冬的方式,大雁和狮子道完别,继续朝着南方飞去。

3. 会变的水

活动目标

1. 知道水在一定温度下,可以变成水蒸气,也能变成冰。

2. 通过实验，了解水的“三态”变化过程，并能用完整的语言表达自己的发现。

3. 具有较细致的观察能力，对水的“三态”变化有兴趣。

活动准备

1. 提前一天带幼儿做“冻冰花”实验。

2. 烧水锅具、电路、一块不小于锅具口的透明玻璃片。

活动过程

1. 观察冻冰花实验，了解水变冰的过程。

● 猜测实验结果。

教师：昨天我们做了一个实验，猜一猜经过一个晚上，它会发生什么变化？为什么？

● 验证实验结果，了解水变成冰的原因。

教师：小朋友从实验中发现了什么？为什么水会变成冰？

● 小结：水遇冷并且温度在零度以下，就会结成硬硬的冰，昨天夜里的温度就在零度以下，所以小朋友的水都结成了厚厚的冻冰花了。

2. 做水加热实验，了解水变成水蒸气的过程。

● 讨论并猜测。

教师：水除了遇冷会结成冰，水还会变成什么？如果把它加热会有什么变化？

● 实验：教师将锅具中的水烧开，引导小朋友仔细观察并交流自己的发现。

教师：小朋友发现了什么？为什么会有这样的现象？水和水蒸气一样吗？

● 小结：水遇热，它就会变成水蒸气。

3. 做水蒸气遇冷实验，了解水蒸气变水的过程。

● 讨论并猜测。

教师：我们能不能将水蒸气再变成水？

实验：教师请幼儿将玻璃放置在水蒸气的上面，引导小朋友仔细观察并交流自己的发现。

● 教师：小朋友发现了什么？为什么会有这样的现象？

4. 总结：水真是个奇怪的东西，冷了就会变成冰，热了就会变成水蒸气，水蒸气冷了又会变成水。

活动延伸

以游戏的形式帮助幼儿巩固对水的不同形态的变化的认知。

附

冻冰花实验

材料：

塑料盒(也可以将塑料瓶修剪一下使用)、彩色材料(幼儿玩具、彩色纸片、海报剪纸等)、水、线绳。

步骤：

1. 在塑料盒子里装一些彩色材料。
2. 在盒子里注满清水。
3. 用手调整彩色材料的位置。
4. 将线绳的一端放入盒子里，把它们放入室外阴冷的地方自然冷冻。
5. 第二天拿着线绳就可以将冻成冰的彩色材料取出来了。

主题三：寻找鸟窝的秘密

（大班·上）

第一部分：主题背景及目标

（一）主题背景

农村长大的孩子几乎每个人都有过这样的经历：爬到树上去看鸟窝、掏鸟蛋，因为实在是太好玩了，太吸引人了，太神秘了……那时候，广袤的农村和乡野都被树林包围着，树林的枝头上到处都有各种各样的神奇的鸟窝。

今天的农村树林已不再那么茂密，鸟窝也日渐稀少，环境遭到一定程度的破坏导致鸟儿无家可归，鸟儿们有的选择迁移，有的遭到伤害，剩下的只能顽强地“蜗居”在不安全的鸟窝里，因为大自然赋予它们繁衍后代和生生不息的责任和使命。

将寻找鸟窝作为幼儿的研究点是将农村幼儿的兴趣点引向大自然、山冈、树林、河边、田野，利用农村特有的资源让幼儿在探索中有所发现，并感到兴奋和满足；初步了解人们的生活与自然环境的密切关系，知道尊重和珍惜生命、保护环境，这些正与《指南》所提出的发展要求相符。因此，沿着寻找鸟窝的踪迹，幼儿将在得到一个又一个的惊喜之时，发现一个又一个鸟窝里呈现的生命的秘密和鸟窝承载的生命与人类生态平衡的秘密。

（二）主题目标

1. 通过参观、观察、探究各种各样的鸟窝，了解鸟的生活习性，知道鸟和我们人类是好朋友，我们要和鸟和平共处。

2. 设计找鸟窝、走树林、做鸟窝等活动，帮助幼儿积累丰富的知识和经验。

3. 利用鸟、鸟窝、鸟蛋、树枝、芦苇、树林资源，培养幼儿有爱心、热爱鸟类、热爱大自然的情感。

（三）关键经验

平时散步或来幼儿园路上、村庄上看到过各种各样的鸟及鸟窝，有看到过燕子在自家屋檐上筑巢及哺育小燕子，或看过小鸟在自家房前屋后树上做窝孵小鸟的经验。

（四）核心词汇

鸟、鸟窝、树林、农村、大自然。

第二部分：资源准备

（一）环境资源

1. 幼儿园内或附近村庄里的树木上的鸟窝，小山坡上树林里的鸟窝等。

2. 创设“鸟与鸟窝”的主题墙，展示各种各样的鸟和鸟窝的图片，实物摆放“鸟窝”。

（二）材料资源

1. 幼儿每人一张《我见过的鸟窝调查问卷》。

我见过的鸟窝

姓名：

日期	鸟窝的地点位置 （幼儿口述，家长记录）	形状特征 （幼儿画画）	鸟是怎么做窝的 （幼儿口述，家长记录）

2. 收集各种废旧物品。（门口放一大盒子，取名为百宝箱）

3. 梯子、相机等。

4. 根据调查问卷，去考察、发现鸟窝，规划好参观位置和路线。

5. 走访农民，倾听有关鸟、鸟窝的故事，了解鸟窝的秘密。

（三）主题探究流程

1. 户外远足：寻找鸟窝。

2. 提出注意事项。外出注意自身及同伴安全；不大声喧哗；爱护树木，爱护小鸟及鸟窝。

3. 带领幼儿从幼儿园内开始寻找鸟窝。如果园内有鸟窝，可组织幼儿观察，用相机拍下鸟窝的形状，也可站在梯子上拍下鸟窝内的鸟蛋或小鸟的活动给幼儿观看。

4. 沿着事先准备好的参观路线，带幼儿到附近村庄的树上、幼儿家的房前屋后寻找鸟窝。

5. 回教室后，引导幼儿谈谈自己的发现，让小朋友知道，要爱护小鸟，爱护鸟窝，爱护树木，和小鸟做朋友。

第三部分：领域渗透

（一）健康活动

1. 可以把游戏“抢椅子”改编成“小鸟找家”。

把椅子当成小鸟的窝，椅子数比幼儿人数少1—2个，幼儿听鼓声顺着一个方向跑，鼓停立刻坐到椅子上，没抢到椅子的幼儿表示没找到窝，拿一张椅子离开，游戏继续进行。

2. 把音乐《找朋友》改编成“小鸟抱一抱”。

幼儿可戴头饰扮小鸟，随音乐做“找朋友”动作，最后教师说“几个小鸟抱一抱”，幼儿听到提示后迅速按相应数量抱在一起，没有完成的幼儿表演一个节目。游戏重新开始，教师可变换不同的数量。

（二）语言活动

每个幼儿一张纸，可分组绘画：天空有什么？树林里有什么？草地上有什么？小河里有什么？花园里有什么？然后让幼儿完整欣赏儿歌《家》，再让幼儿根据自己的绘画改编儿歌《家》。

儿歌一：蓝蓝的天空是白云的家，
密密的树林是小鸟的家，
绿绿的草地是小羊的家，
清清的河水是小鱼的家，

红红的花儿是蝴蝶的家，

快乐的幼儿园是小朋友的家。

儿歌二：蓝蓝的大海是鲸鱼的家，

寒冷的南极是企鹅的家，

一望无际的沙漠是骆驼的家，

密密的森林是老虎的家，

地球是我们共同的家，我们都要爱护它。

（三）社会领域

在知道鸟和人类的关系后，对破坏树木和鸟窝导致小鸟无法生存的行为，进行调查，用表格和统计的形式进行记录。

（四）科学领域

1. 展示幼儿调查表：让幼儿看看、说说常见的鸟和鸟窝的形状，以及鸟是怎么做窝的。

2. 在网上查找相应资料，提供各种各样的鸟及鸟窝的图片，让幼儿进行分类：常见鸟及鸟窝、不常见鸟及鸟窝。

3. 通过看视频，让幼儿了解一些珍奇鸟类及鸟窝，也可讲讲"燕窝"的药用价值，扩大幼儿知识面。

4. 引导幼儿知道要保护鸟类，保护树林，保护大自然，和小鸟做朋友。

5. 用贴绒教具"盒子"代表鸟窝，让幼儿观察，并提问：鸟窝里有几个蛋？有几个鸟宝宝？还剩几个蛋？还有几个鸟宝宝没出来？编成相应的加减运算题。

（五）艺术活动

在"百宝箱"中拿出一些幼儿平时收集的废旧材料，先让幼儿自由讨论如何做鸟窝，然后开始动手制作鸟窝，可个人制作，也可小组合作进行。展示幼儿搭建的鸟窝，请幼儿谈谈用了哪些材料，这个鸟窝的形状是怎样的。在美工区展示幼儿搭建的各种鸟窝。

第四部分：一日生活拓展

（一）学习环境

1. 结合晨间、午睡前、放学前的谈话时间，和幼儿谈几个有趣的话题，如"鸟妈妈和鸟宝宝”“鸟的一家”“家门口的鸟窝”“有趣的鸟窝”“我来做个鸟窝”等，引导幼儿关注鸟窝，丰富有关鸟窝的知识。

2. 幼儿园的主题墙饰按照主题推进顺序布置，分别为：“高高的大树上有个鸟窝”“我家门口有鸟窝”“我们周围有各种鸟窝”“我知道关于鸟窝的秘密”“我和鸟儿是好友”“我做了一个鸟窝”。

（二）区域活动

1. 科学角。

在教室的一角放一些各种各样的蛋，让幼儿观察、比较不同。提供水、盐、瓶子、勺子等让幼儿做“让蛋浮起来”小实验及“生蛋熟蛋”小实验。放置小鸟标本和鸟蛋标本，供幼儿观察。注意标本的卫生，标本应放在透明罩内，避免幼儿直接接触标本。

2. 美工区。

把“百宝箱”放在美工区，提供剪刀、胶带、颜料、毛笔、油画棒等供幼儿自已制作各种各样的鸟窝。活动中幼儿可以自由画鸟或鸟窝、鸟蛋等，也可动手制作各种鸟的头饰给音乐区的幼儿表演。

3. 图书角。

收集各种有关鸟或鸟窝的图片、图书放在图书角，让幼儿在阅读中掌握一些知识，扩大幼儿知识面，培养幼儿对阅读的兴趣。

4. 音乐角。

提供音乐和头饰，幼儿根据音乐表演“森林演唱会”。

（三）生活环节

1. 在幼儿午餐和点心时介绍鸟蛋的营养价值。

2. 结合午饭后散步时间，带领幼儿去幼儿园、社区、路边的树上寻找鸟窝。

（四）家园共育

请家长做有心人，平时多带幼儿观察农村中常见的鸟类、鸟蛋等，发现房前屋后大树上有鸟窝时带幼儿观察鸟是怎么做窝的、鸟妈妈孵化小鸟的过程。平时讲些其他珍稀鸟类的生活习性给幼儿听，扩大幼儿知识面。

第五部分：资源菜单——经典案例

1. 小鸟分窝

活动目标

1. 学习 8 以内的组成，并尝试用数字表示。
2. 对鸟类的生活习性感兴趣，初步了解各种鸟类筑巢的地方。

活动准备

1. PPT 课件：鸟窝、喜鹊、家燕、老鹰、海鸥、小鸟图片。
2. 幼儿操作材料人手一份。

活动过程

1. 了解鸟窝的涵义。

(PPT：出示汉字“鸟窝”)

● 提问：你们认识这是什么字吗？

● 小结：鸟窝就是鸟的家，不同的鸟会根据各自的生活习性选择不同的地方筑巢。

2. 出示树枝上的喜鹊窝图片。

● 教师：这个鸟窝造在什么地方？它是谁的家？

● 教师：春天到了，喜鹊妈妈在鸟窝里孵了 8 只小鸟，小鸟们渐渐长大了，一个鸟窝里太挤了，喜鹊妈妈和小鸟们又造了一个窝(出示与原来一样大小的鸟窝)，请小朋友想一想 8 只小鸟怎样住才合适、舒服呢？

● 幼儿自主操作。

● 集体交流，通过观察鸟窝的大小，决定两只相同大小的鸟窝分别住 4 只喜鹊比较合适。

● 同时出示家燕、老鹰、海鸥、啄木鸟的图片。

教师：这里有各种不同的小鸟，它们是谁呀？

教师：它们的家在什么地方？（根据幼儿的回答，教师逐步出示画面：家燕的家造在屋檐下，老鹰的家造在悬崖上，海鸥的家在海边的石头上，啄木鸟的家在树洞里）

● 教师:这些鸟妈妈也都有 8 个宝宝,他们也造了两个鸟窝,他们的两个鸟窝怎么样? 一大一小的两个鸟窝怎么住才舒服呢?

● 每个幼儿找一个旁边的同伴,一起商量讨论,合作完成,帮助这些妈妈把 8 只小鸟分到两只大小不同的窝里。

教师:把你们分的方法记录在表格里。别忘记在自己的记录表上做上喜欢的标记。

● 集体交流,决定怎样分才最合适。(出示大记录表:幼儿交流,老师记录)

● 小结:原来同样 8 只小鸟住不同大小的两个鸟窝,分法不一样。可以根据鸟窝的大小来分,大的鸟窝住的小鸟可以多一些,小的鸟窝住的小鸟可以少一些。现在我们有了这样的分法,有 7 只和 1 只、有 6 只和 2 只的、有 5 只和 3 只的。

● 观察老师的记录表。

教师:老师是按照什么方法来记录的?(引导幼儿观察记录表。老师是按照这样的规律:把数字按从小到大的排列来进行记录。这样记录,就不会遗漏,也不会重复,我们小朋友也容易记住。以后我们也要这样记录)

延伸活动

春天到了,越来越多的候鸟都飞回来筑巢,鸟窝里的小鸟也会越来越多,9 只,10 只,甚至更多,鸟妈妈该怎么分? 下次请小朋友再来帮助鸟妈妈,好吗?

2. 爱小鸟

活动目标

1. 了解鸟的生活环境,能利用各种废旧材料制作鸟窝。
2. 懂得关爱小鸟,能用实际行动表达对小鸟的爱护。

活动准备

1. 人手一把剪刀、透明胶、双面胶、橡皮泥。
2. 各种废旧物品:树叶、报纸、皮球、卡纸、彩条、彩纸、棉花、盒子、酒盒等。
3. 相关视频。
4. 课件。

活动过程

1. 活动导入。

● 教师:小朋友你们喜欢小鸟吗?小鸟生活在哪里?

观看视频:小鸟在树林里欢快地歌唱,引导幼儿了解鸟的生活环境,引发幼儿对小鸟的爱。

● 教师:每只小鸟都有鸟窝,都应该有一个温暖的家,可是,并不是所有的小鸟都是这样的,我们一起来看一下。(播放视频《我是一只小小鸟》,引发幼儿对小鸟的关爱之情)

提问:短片中的小鸟怎么了?是什么原因使小鸟无家可归?它的心情怎样?那你们的心情呢?

2. 组织幼儿讨论怎么爱护鸟,鼓励幼儿大胆说出爱鸟、护鸟的办法,激发幼儿邀请小鸟到幼儿园安家的愿望。

● 教师:我们一起来帮助它好不好?那我们应该怎样帮助它呢?(给它做窝、不让猎人伤害它、不乱砍伐树木等)

● 小结:你们的主意都很不错,小鸟是我们人类的朋友,我们应该爱护它,不能伤害它,那让我们一起做一些鸟窝挂在树上,让小鸟到我们幼儿园来安家好吗?

3. 幼儿利用各种废旧材料制作鸟窝,用实际行动表达对小鸟的爱。

● 教师:在做鸟窝之前,老师问你们一个问题,你们知道鸟窝是用什么做成的吗?它是什么形状的?

观看课件:有草、树枝、泥做的鸟窝,有半圆形、圆形、椭圆形的鸟窝,还有人工建筑的鸟窝。

● 教师:现在请小朋友选择自己喜欢的材料,发挥你的想象,帮助小鸟制作一个温暖舒适的小窝好吗?

4. 作品展示、交流。

● 教师了解幼儿的作品意图。

● 利用幻灯片展示个别幼儿的作品,请幼儿简单表述。

● 教师:你们的鸟窝都制作好了吗?听!小鸟的叫声,我们赶快去给它们安家吧!

主题四：养蚕乐
（大班·下）

第一部分：主题背景及目标

（一）主题背景

乡村幼儿园在饲养方面的资源更加丰富，要充分利用好乡村资源，与附近种桑养蚕的农户合作，定期带幼儿去采摘桑叶喂养蚕宝宝，幼儿园可专门开辟蚕宝宝养殖专区，并设置织造坊，为幼儿的饲养活动提供更广阔的空间。

绚丽多彩的中国丝绸，一直被古今中外人们所赞颂。中国是最早养蚕的国家，蚕茧和生丝产量一直居世界各国之首。蚕丝业的发展，丰富了人们的生活，渗透到衣、食、住、行各个领域，形成浩瀚多彩的丝绸文化。《指南》指出，应让大班幼儿初步了解人们的生活与自然环境的密切关系，知道尊重和珍惜生命，保护环境。为了让幼儿了解更多有关蚕的知识，乡村幼儿园孩子们可从观察蚕籽、蚕蚁开始关注蚕宝宝，参与喂养蚕宝宝，使幼儿萌发关心、爱护蚕及其他小生命的意识，让幼儿知道世界上著名的中国丝绸就是由蚕结茧吐丝然后进行加工而成的，激发幼儿的民族自豪感。

（二）主题目标

1. 通过观察、比较、操作等方法，让幼儿了解蚕的生长过程，激发其对蚕及其他动物的好奇心和探究欲望。

2. 设计饲养、采摘、手工、农活等实践活动，帮助幼儿积累丰富的感性知识和经验。

3. 运用蚕宝宝、茧子、桑叶、丝绸等资源，培养幼儿热爱生命、喜欢小动物、热爱大自然的情感。

（三）关键经验

1. 学习持续观察的方法。

2. 学习养蚕，认识蚕的基本特征，了解蚕的生长过程。

3. 培养幼儿关心小动物、热爱大自然、愿意保护环境的情感。

（四）核心词汇

蚕、生长过程、调查、观察、季节、温度。

第二部分：资源准备

（一）环境资源

1. 师幼共同以“五彩缤纷”为主题，运用收集的丝绸布置活动场地，感受丝绸的特性。

2. 设置各区域，提供幼儿活动的场地和资料。如T台区：幼儿可利用各种花色和形状的丝绸装扮模特。语言区：开办“织造电视台”，提供话筒、主持台。种植区：观察幼儿园种植园地内的桑树。饲养区：饲养桑蚕，能有目的地持续观察蚕的生长过程，并重点观察记录蚕眠的情况。视听区：听录音故事，如《养蚕的起源》《漫话“丝绸之路”》。资料区：提供书籍和图片。

（二）材料资源

1. 数码相机、摄像机、IPAD等。

2. 各类调查表、操作单若干。

养蚕日记表格

第一周 **蚕卵及其孵化**

颜色		大小	
形状		数量	
第一个蚕卵孵化的时间是			
一共有几条蚕孵化了			
画一画蚕卵和你养的小蚕			

第二周

蚕的变化

颜色：______________　形状：______________

大小：______________　数量：______________

日期	周一	周二	周三	周四	周五
体长					
吃食					
活动					
你还发现了什么（画一画）					

第三周

蚕的变化

颜色：______________　形状：______________

大小：______________　数量：______________

日期	周一	周二	周三	周四	周五
体长					
吃食					
活动					

第四周

蚕的变化

第一次蜕皮时间	蚕变成蛹的时间	你养的蚕还有几条
你还发现了什么？（画一画）		

第五周

总结蚕的生长顺序

蚕宝宝的一生时间记录表

（　　　　）小组　　记录时间：　　月　日—　月　日

我发现蚕的一生有______________天。

蚕宝宝视觉实验记录表

实验员：　　　　　　　　　　时间：　　　年　　月　日

实验条件	蚕的反应	实验结论
让蚕饿一天，再用桑叶隔一段距离去试探它，看它的头能否跟随桑叶移动而动		
用强光照射蚕的头部或附近，看它是否躲避		
把蚕放到完全黑暗的地方，桑叶放到离蚕约3厘米处		
把蚕和桑叶用玻璃隔开，但距离很近		

蚕宝宝嗅觉实验表

实验员：　　　　　　　　　　时间：　　　年　　月　　日

实验方法	蚕的反应	实验结论
把桑叶放在饿极了的蚕的后面		
让蚕饿一天，然后把桑叶放在离蚕约10厘米处，若无反应，再逐渐移近		
把喷了香水的桑叶与一般的桑叶分别放在蚕的两侧		

……

蚕一生需要进食的桑叶数量记录表　　　　　（　　）小组

时　间	蚕的数量	吃掉的桑叶总数	平均一条吃掉的桑叶数量

经统计计算，一条蚕一生中需要吃掉桑叶________片。

3. 其他。

为幼儿提供可能需要的各种工具，如：记录笔、剪刀、透明塑料杯等，并且放在幼儿拿取方便的地方，便于幼儿操作过程中及时找到自己需要的工具材料。

（三）主题探究流程

1. 调查积累阶段。

（1）观察与发现：小朋友用感官接触蚕宝宝，说说自己的发现与疑问。

（2）主题讨论：你知道什么？你还想知道什么？

（3）收集与交流：利用调查表、照片、活动与小朋友对话交流并记录在笔记本上。

2. 操作实施阶段。

（1）布置环境：与幼儿共同讨论、布置主题“养蚕乐”相关环境，并将师幼收集到的图片、绘本等资料进行整理、摆放，方便幼儿取阅、观察、讨论和操作。

（2）饲养台：筛子里铺满新鲜的桑叶，将蚕蚁放进去，旁边有教师和小朋友的操作记录（用图片方式形成流程图展示出来）。

（3）兴趣点：发现幼儿观察讨论的兴趣点，真诚地接纳、多方面支持和鼓励幼儿的探索行为。

（4）预设问题：教师观察幼儿的探索，适时与幼儿发生互动，鼓励幼儿根据观察或发现提出值得继续探究的问题，并能将自己的发现和解决问题的方法进行表述与分享。

3. 展示总结阶段。

（1）亲子养殖过程记录，幼儿园科学养蚕记录。

（2）成果：养蚕区域用蚕茧做的工艺品、蚕宝宝的生长视频、蚕宝宝吐丝成的茧、用茧缫丝后的桑蚕丝布料、桑蚕丝的工艺品和围巾、衣服、裙子、旗袍等进行布置。

（3）总结经验：蚕宝宝一年中有春蚕和秋蚕两季，从成虫到成茧大约25天为一个生长周期。虽然一个月不到，但完整地再现了一个有价值的小生命的生长过程。

第三部分：领域渗透

（一）语言领域

搜集乡村民谣或自编儿歌，了解蚕的生活习性及用途，萌发热爱大自然及喜欢小动物的情感。在说说、讲讲中进一步了解蚕丝的多种用途，培养幼儿的口语表达能力。学习故事，通过故事了解蚕的一生，激发幼儿探索的欲望。

（二）社会领域

知道我国是生产丝绸最早的国家，激发幼儿的民族自豪感，通过活动进一步激发幼儿的同情心，懂得要关心、照顾小动物。

（三）科学领域

可以开展点数蚕宝宝和蚕茧的活动，并进行记录。

（四）艺术领域

充分利用农村可找到的材料，如稻草、树枝等，给蚕宝宝安家，发展幼儿手眼协调的精细动作，感受制作的乐趣和成功感；积极尝试用各种线条、图案装饰蚕和桑叶，激发幼儿线描画的兴趣，增强艺术美感；能主动对同伴的作品作出较正确的评价。

欣赏民谣、儿歌，根据儿歌内容创造性地运用身体动作表现对歌曲的感受，体会繁忙的采桑叶场面与气氛，激发对舞蹈艺术的热爱之情。

第四部分：一日生活拓展

（一）学习环境

教师和幼儿一起活动，围绕养蚕进行环境创设。海报区：将幼儿外出观察自然现象的照片和记录表、搜集到的蚕宝宝生长过程图片和记录表做成主题海报；丝绸展示区：在养蚕区旁边开辟一个丝绸展示区，放一些成品丝绸及半成品织布材料，供幼儿观赏。

（二）区域活动

1. 科学区。

(1) 引导幼儿将筛子中纸上蚕的排泄物清理干净，再用新鲜的桑叶对蚕进行喂食，观察蚕的蠕动、蚕吃桑叶时有趣的形态，感受养蚕的乐趣。

(2) 准备草笼机、稻草或麦草，幼儿分工合作，使用草笼机，将稻草编成草笼。提醒幼儿要互相配合，相互合作，注意安全。

(3) 准备结满茧的草笼，指导幼儿将草笼上的蚕茧采下来，提醒幼儿动作要轻，要仔细寻找，以免漏采。

(4) 准备同等大小的白纸、记号笔、油画棒，指导幼儿各自分工画蚕的不同阶段(包括蚕卵、蚁蚕、熟蚕、蚕蛹、蚕蛾)，并将画好的卡片进行排序，引导幼儿观察蚕不同阶段的特点，了解蚕的一生。

2. 美工区。

准备桑叶、蚕茧、剪刀、固体胶、记号笔、颜料、油画棒、白纸、硬纸板，指导幼儿利用桑叶在白纸上进行桑叶贴画的制作。

(三) 生活环节

散步时间，组织幼儿在园里桑树地里走一走，感受春天给大自然带来的变化。看看桑树上叶子的变化，过渡环节可以和幼儿一起讨论交流。

(四) 家园共育

邀请家长协助搜集关于蚕的民谣，开展家庭共同领养蚕宝宝的“护蚕”行动，并把蚕宝宝的喂养过程用文字或者照片的形式记录下来，直到结茧再送回幼儿园。

第五部分：资源菜单——经典案例

1. 养蚕人家

活动目标

1. 参观“养蚕人家”，了解养蚕有关的知识。
2. 初步了解中国具有悠久的养蚕历史，对蚕有浓厚的探索兴趣。

活动准备

1. 蚕宝宝图片一张。
2. “养蚕姑娘”(大班孩子扎上头巾扮演)，展示下网、替匾、捉蚕上山等过程。
3. 丝绸制品若干。
4. 联系乡村里的养蚕专业户，实地参观访问。

活动过程

1. 向幼儿介绍参观的内容和要求。

教师:(出示蚕宝宝图片)老师请来了一位小客人,看看它是谁?蚕宝宝是什么样子的?蚕宝宝喜欢吃什么?蚕宝宝住在哪里?让我们一起去看一看。

2. 参观养蚕人家。

● 引导幼儿了解一些养蚕的工具和材料。

教师:你看到了什么?知道那些用具、材料叫什么名字吗?它们有什么用处?

根据幼儿的回答简单介绍"养蚕人家"室内物品:蚕台、蚕匾、桑树、桑叶、草(山)龙、山床等,知道一些养蚕的工具。

● 观察"养蚕姑娘"的活动,进一步了解室内物品的用途。

教师:看看"养蚕姑娘"在干什么?(采桑叶、喂桑叶、替匾、捉蚕上山做茧子)

● 组织幼儿实践体验采桑叶、喂桑叶、替匾、捉蚕上山做茧子。

教师:小朋友学会养蚕本领了吗?你也来试一试。

● 幼儿体验并交流:刚才做了哪些养蚕工作?接触了哪些养蚕用具?

教师:小朋友会养蚕了,有机会你可以像"养蚕姑娘"那样去教其他的小朋友。

3. 了解养蚕的历史,激发幼儿养蚕的欲望。

● 出示丝绸制品。

教师:这些衣服、围巾、化妆盒漂亮吗?知道它们是用什么材料做的吗?(蚕宝宝吐的丝)我们中国人非常聪明能干,很久很久以前就会养蚕,用蚕丝做成漂亮的衣服、裙子、围巾等,许多外国人都来买漂亮的丝绸制品,用骆驼驮回家,这条专门运丝绸的路就叫"丝绸之路"。可是现在环境变化,养蚕的人少了,怎么办呢?

● 根据幼儿的回答,激发幼儿养蚕的欲望。

教师:春天是个养蚕的好季节,天气开始暖和了,我们也来养蚕吧!可是蚕宝宝健康成长对环境要求很高,需要精心照顾,你们能行吗?

教师:相信小朋友能精心照顾好蚕宝宝的,我们还要观察和记录蚕宝宝怎么吃桑叶,怎么长大,怎么吐丝结茧,到时比比谁的蚕宝宝长得好,谁的发现多。

2. 蚕宝宝长大了

活动目标

1. 初步了解蚕的一生要经历卵、幼虫、蛹、蚕蛾四个阶段。

2. 能用较完整的语言表述蚕宝宝四个阶段的特征。

3. 体验饲养活动带来的乐趣。

活动准备

蚕一生四个阶段的图片。

活动过程

1. 谜语导入，引出主题。

● 教师：今天，老师带来了一个谜语，请小朋友猜一猜。（小时候穿黑衣，长大穿白袍。到老留下一丝卷，献给人们做衣裳）

● 教师：你们以前养过蚕宝宝吗？请养过蚕宝宝的小朋友和我们一起来分享一下蚕宝宝是什么样子的？蚕宝宝爱吃什么？

● 教师：有谁知道蚕宝宝长大后是什么样子的吗？今天老师就带小朋友去看看蚕宝宝是怎样长大的。

2. 观察图片，教师引导幼儿了解蚕的成长变化。

● 教师：（出示蚕卵图片）这像什么？（圆的，像细芝麻一样）这张是蚕宝宝刚刚出生的样子，它有个名字叫蚕卵。

● 教师：（出示幼蚕图片）它像什么？（很小，像蚂蚁一样）这张是蚕卵孵出来的幼蚕，它还有一个名字叫"蚁蚕"。

● 教师：（出示蚕图片）蚕宝宝吃什么？蚕宝宝吃得饱饱的，一天天地长大，又变成什么样子了？

● 教师：（出示蚕茧图片）蜕皮的过程中它学会了一个本领，是什么？蜕了四次皮后蚕开始吐丝作茧，在茧里，蚕再蜕一次皮，变成蛹。

● 教师：（出示蚕蛾图片）由蛹变成蚕蛾，然后咬破茧爬出来，你看到的蚕蛾是怎么样的？（蚕蛾灰白色，有翅膀，雌蛾产卵后不久就死去）

● 教师：蚕宝宝长大要经过哪几个阶段？（出示图片：蚕卵、幼蚕、蛹、蚕蛾）请小朋友来排顺序。

3. 了解蚕的用途。

● 教师：蚕宝宝有什么本领？（吐丝作茧）蚕丝可以做枕芯，有药用价值；蚕茧能抽丝纺织成丝绸，可以做服装。

● 教师：蚕宝宝对我们的用处很大，我们在饲养时应该注意什么？（勤换蚕叶，让蚕吃饱；蚕结茧时，不要移动……）

活动资料

蚕的一生要经历过卵、幼虫、蛹、蚕蛾四个阶段，刚刚孵出来的幼蚕，身体是黑色的，很小，像蚂蚁一样。蚁蚕吃了很多蚕叶，慢慢地长大，它蜕一次皮，就要长大一岁，总共经过四次蜕皮，身体一次比一次变白。最后蚕开始吐丝作茧，在茧里，蚕再次蜕皮，变成蛹，由蛹变成蚕蛾，然后咬破茧爬出来。蚕蛾灰白色，有翅膀，雌蛾产卵后不久就死去。

3. 喂养蚕宝宝

活动目标

1. 能通过谈话，讨论交流自己喂养蚕宝宝的经历及对其生长过程的认识。
2. 借助观察记录，较清楚地表达自己的观察结果。
3. 对喂养活动感兴趣，体验收获的快乐。

活动准备

1. 幼儿有养蚕的前期经验。
2. 每组一份蚕宝宝，桑叶、米饭等。
3. 有快有慢的背景音乐。

活动过程

1. 从人类的食物引入，讨论蚕宝宝的食物。
- 教师：人每天都要吃东西，你今天吃的什么？你还吃过什么？
- 小结：我们可以吃的东西可真多呀！除了大米饭，还有这么多好吃的。

2. 交流蚕宝宝的食物。
- 教师：蚕宝宝们每天吃些什么呢？（幼儿根据已有经验回答）
- 教师：观察蚕宝宝是怎样吃桑叶的，并说一说。

鼓励幼儿用动作来表示蚕宝宝吃桑叶、移动身体的形态。
- 教师：蚕宝宝换了四次新衣服，每次换衣服时吃的桑叶都是一样的吗？
- 教师：你还发现蚕宝宝哪些有趣的事情？

3. 交流自己的喂养经历，体验收获的快乐。
- 教师：蚕宝宝到我们班和我们做朋友以后，你为它做了哪些事情？你是怎样做的？为什么要这样做？

● 教师：当你为它做这些事情时，你是怎样想的？

4. 用身体动作表现蚕宝宝的生长过程。

以小组为单位，用表演的形式来表现蚕宝宝长大的过程，大胆用身体动作进行表现。（播放背景音乐）

活动延伸

1. 请小朋友一起帮助照料蚕宝宝，并随时观察蚕宝宝，记录其生长过程。
2. 结合相关资料，认识蚕丝的作用。

4. 话说蚕丝

活动目标

1. 通过触摸感知丝绸的特性。
2. 初步了解丝绸的来源、用途以及闻名世界的“丝绸之路”。
3. 充分感受丝绸为人们带来的用途，积极参与活动。

活动准备

1. 在家与父母查找资料，对丝绸有初步了解。
2. 丝绸巾一块、《丝绸的制作》视频。

活动过程

1. 展示丝绸巾直接引入主题，初步感知丝绸的特性。

● 教师：今天老师来带了一块丝绸，请小朋友来摸摸，并和同伴说说抚摸丝绸的感觉。

● 教师：小朋友，你们知道这种滑滑的、冰冰的丝绸是用什么材料做成的吗？

● 教师：小朋友都说出了很多不同的答案，既然大家说的都不一样，我们怎样才能知道丝绸到底是什么材料做成的？

● 教师：老师准备了一个视频，我们一起来看看丝绸到底是用什么材料制作的，看看哪位小朋友猜对了。

● 教师：原来桑蚕丝是蚕宝宝吐丝结成蚕茧，把蚕茧抽丝加工做成的，而桑蚕丝就是丝绸的另一个名称。

2. 观赏课件,了解丝绸的用途。

● 教师:小朋友,丝绸有很多用处,除了可以做成丝巾,还可以做成什么呢?(衣服、工艺品、日常用品)

● 教师:让我们一起来欣赏一下美丽的丝绸可以做成什么东西。

● 教师:丝绸的用处有很多,它为我们提供了很多帮助。

3. 了解"丝绸之路"的起源,以及丝绸的历史文化。

● 教师:你们知道中国的丝绸是怎么传到外国去的吗?

● 小结:丝绸之路记载了我们中国几千年的历史,是一条与西方沟通的道路,海上丝绸的出发点在福建泉州。

4. 活动结束。

教师:今天我们了解了"丝绸之路"。回家可以跟爸爸妈妈分享下今天我们所了解的丝绸的相关知识。

附资料

丝绸最早是中国人发明的,是我们中国人的骄傲,用蚕丝做成的丝绸服装,既轻盈、舒服,还很漂亮,为了让外国人能分享这一成果,于是有些中国商人决定把它运往国外,卖给外国人。可去外国的路程很远很远,还要经过大沙漠,非常艰苦。商人骑着骆驼,带着丝绸、干粮和水,从日出走到日落,又从日落走到日出,走呀走呀,走了一百多天才把丝绸运到国外。外国人发现我们中国的丝绸非常好,于是许多外国人带着他们好的商品也跟着中国商人,骑着骆驼经过这条路,来到中国交换丝绸。这也是一种文化交流,天长日久,几千年走下来,就成了世界闻名的"丝绸之路"。后来人们又用船运输丝绸,所以叫"海上丝绸之路"。

5. 蚕的一生

活动目标

1. 通过倾听故事初步了解蚕的一生。
2. 培养幼儿爱护动物的情感,激发幼儿探索的欲望。

活动准备

1. 故事录音、观察记录表。

2. 蚕宝宝不同阶段的图片(蚕卵、幼蚕、蛹、蚕蛾)

3. 邀请有经验的家长参加活动,准备编扎草龙的农具和稻草。

活动过程

1. 导入故事《蚕宝宝的故事》。

教师:春天到了,妈妈送给小兵一个礼物,是什么呢?我们来听听看吧!

2. 完整欣赏故事。

● 教师:妈妈送给小兵一个什么礼物?是什么样子的呢?(一张有黑点的白纸——蚕卵)

● 教师:一天放学,小兵的礼物发生了什么变化?(变成了一条条小虫——蚕)

3. 再次欣赏故事。

教师:蚕宝宝吃什么呢?(嫩绿的桑叶)蚕宝宝长大了是什么样子的呢?(白白的,像个小肉虫)蚕宝宝不动了,为什么呢?(蚕宝宝长大了,要换衣服了)蚕宝宝为什么要吐丝把自己包起来呢?(蚕茧,变成蚕蛾)

4. 出示蚕宝宝不同阶段的图片,让幼儿排序。

教师:刚刚我们听了关于蚕宝宝的故事,蚕宝宝由蚕卵慢慢地变成蚕蛾经历了很多阶段,下面就请小朋友将蚕的一生来摆一摆。(固定蚕卵和蚕蛾的图片)

5. 幼儿观察蚕,引导幼儿说出蚕从一粒蚕卵到吐丝成茧总共有几个阶段,并在记录表上记录出每个阶段的生长特点。

6. 请家长现场表演用农具和稻草编出蚕宝宝最后吐丝成茧需要的"窝"——草龙。

附故事

蚕宝宝的故事

春天到了,妈妈送给小兵一个礼物:一张有许多黑点的白纸。小兵好奇地问:"这是什么呀?"妈妈说:"这是蚕籽,过一段时间它们就会变成蚕宝宝了。"小兵听了妈妈的话,就把籽放在纸盒里,每天幼儿园放学后,他就迫不及待地去看它们。有一天,小兵打开纸盒子,发现纸上的小黑点不见了,只有一条条小虫子爬来爬去,小兵想:这大概就是妈妈说的蚕宝宝吧!妈妈说:"蚕宝宝出世了,可以喂它们吃嫩嫩的桑叶了。"于是小兵每天去采嫩绿的桑叶,铺进盒子里给蚕宝宝吃,它们吃得可快了,"嚓嚓嚓",一会儿就把一片片桑叶吃到肚子里了。蚕宝宝慢慢长大了,白白胖胖的,像个小肉虫,它吃的桑叶一天比一天多。有一天蚕宝宝都不动了,也不吃桑叶,小兵着急了,赶紧让妈妈来看。妈妈说:“不要紧,蚕宝宝长大了,要换衣服了。”小兵等呀等,终于看到蚕宝宝蜕去身上的皮,又换上了一身新衣服。蚕宝宝慢慢长大了,它开始吐出白白的丝,把自己包起来。小兵着急地问:“妈妈,蚕宝宝这是干什么呀?它把自己都包住了!”妈妈说:“蚕吐出的丝叫蚕茧,它把自己包起来,几天之后就变成了蛾。蛾会破茧而出,纺织阿姨就用蚕茧织出许多漂亮的丝绸,给大家做衣服穿。”“哦,我明白了,蚕真是一种无私奉献的好动物。”小兵说。

主题五:水中的动植物

（大班·下）

第一部分：主题背景及目标

（一）主题背景

在广袤的农村大地上，家家户户门前屋后都会有一个小池塘。池塘里的水在不同的季节呈现不同的颜色，每个季节，池塘的水中都会藏着许多的小秘密，水上水下活跃着快乐的精灵，它们是生机蓬勃的水中植物和动物，它们在小池塘中快乐地生长着，涌动着。

随着季节的更替，天气的变化，水中动植物的形态各异。春天的池塘里有绿色的浮萍、水蜡烛，还有小蝌蚪、螺蛳、河蚌、泥鳅；夏天的池塘里有粉色的荷花、苦涩的莲子、紫色的睡莲、清香的茭白、香糯的菱角，还有青蛙、鱼、虾、黄鳝等；秋天的池塘里有香脆的莲藕；冬天的池塘呈现灰色，结满薄薄的冰。

根据季节、天气和时段的不同，带领幼儿在幼儿园的周边或家的周围观察小池塘，去看一看水的颜色，找一找水中的动植物，画一画池塘景色，选择一些水中的动植物进行观察和探究。了解这些水中动植物的形态以及生长情况，观察比较一些动植物的相同和不同，了解水中的动植物与水的关系，与人类生活的关系，从而更好地激发幼儿保护水资源、爱护家园的情感。

（二）主题目标

1. 通过观察、比较、操作、调查等方法，使幼儿了解水中动植物的生长过程，激发其好奇心和探究欲望。

2. 设计饲养、采摘、手工、农活等实践活动，帮助幼儿积累丰富的感性知识和经验。

3. 运用乡野河畔的水生水长的动植物等资源，培养幼儿热爱生命、喜欢小动物、热爱大自然的情感。

（三）关键经验

1. 幼儿对身边的事物有浓厚的探究兴趣。有参与户外徒步活动的经验，有初步的自我保护意识，能在成人的提醒下关注水塘边的安全。

2. 会用观察比较的方法区分两种物体的异同，乐意用简单的符号、图画、数字等记录自己的发现。

3. 区分春、夏、秋、冬四季，知道每个季节池塘中的一些动植物，向自己的爸爸妈妈或是爷爷奶奶了解一些常见的水中动植物。

（四）核心词汇

池塘、植物、动物、季节、观察。

第二部分：资源准备

（一）环境资源

1. 结合幼儿园周边或幼儿家附近的小池塘，根据不同的季节，引导幼儿观察、了解不同季节小池塘中动植物的生长变化。

2. 联系家长参与有趣的池塘捕捞活动。

3. 根据季节的不同，在幼儿园班级的自然角中，选取不同的水中动植物进行饲养，便于幼儿观察。

4. 布置关于“水中动植物”的主题墙，投放一些师幼共同收集的水中动植物的图片，展示幼儿的观察记录表以及创作作品等。

（二）材料资源

1.《池塘里面有什么调查表》、记录纸、笔。

2. 便于捕捞水草及小动物的工具（网兜、水桶、水瓢、筛子等）、放大镜、透明玻璃罐或瓶、水缸。

池塘里面有什么

季节： 班级： 幼儿：

水中的植物	水中的动物
我知道的：(用绘画的方式记录)	我知道的：(用绘画的方式记录)
我发现了：	我发现了：

（三）主题探究流程

1. 第一阶段：调查积累阶段。

(1) 观察与发现：家门口或是幼儿园旁边的小池塘里有什么？春天的池塘里有什么？夏天的池塘里有什么？秋天的池塘里有什么？冬天的池塘里有什么？

(2) 讨论：你知道水中生长着哪些植物？水中生长着哪些动物？怎样去捕捞水中的动植物？你知道的工具有哪些？

(3) 收集：幼儿知道的水中动植物的图片或实物。

2. 第二阶段：操作实施阶段。

(1) 与幼儿家长共同讨论、布置主题"水中的动植物"环境，规划墙面布置，讨论班级进行水培植物和饲养水中动物的器具及位置，方便幼儿观察、讨论、操作。

(2) 利用晨间午后离园时间带领幼儿进行观察和讨论，整理记录幼儿的兴趣点，进一步探究。

(3) 教师观察幼儿的探索，适时与幼儿发生互动，鼓励幼儿表达发现的问题及解决问题的方法。

3. 第三阶段：展示总结阶段。

(1) 水中动植物的照片展(幼儿作品)。

(2) 水中动植物的观察记录、水培和饲养动植物过程的照片。

(3) 食物品尝会。

(4) 水中动植物的再创造过程照片及作品。

第三部分：领域渗透

（一）健康领域

1. 户外远足。

在不同的季节，带幼儿到周边的池塘去走一走，看看池塘水的颜色是否有变化，看一看池塘中有哪些动植物，观察它们的生长形态。多次观察后，请幼儿比较每次观察的结果，知道不同的季节，水中动植物的种类也不同，知道水中动植物生长的变化。

2. 了解水中动植物与人类的关系，知道水草是很好的肥料，水蜡烛可以驱赶蚊虫，菱角、莲子、藕以及河鲜都是人们餐桌上的美食。但是，水中除了有可爱的小动物，还有一些具危险性的动物，如蛇、蚂蟥，要教育幼儿远离它们，远离水塘，加强自我保护。

（二）语言领域

1. 诗歌活动《采莲》。

2. 故事表演《小蝌蚪找妈妈》。

（三）社会领域

随着季节的变化，幼儿园周边或是家周边的小池塘也在发生着变化，为了更好地维护生态的平衡，人们要做捕捞、采摘的工作，为了让水中的动植物更好地生存，还要进行水塘的清淤，要爱护我们的水资源。在保证幼儿安全的前提下，建议家长带领幼儿参与一些力所能及的活动，如剥茭白、采菱角、捉泥鳅、剥莲子、挖藕等。

（四）科学领域

1. 利用水中的动植物开展数数练习和数物对应的练习，如《数莲子》《抛接螺蛳壳》《荷花荷花几月开》活动。

2. 进行观察测量活动，如观察、比较泥鳅和黄鳝，进行测量；观察、测量藕茎和藕的长度。

（五）艺术领域

1. 植物印象：画荷、池塘写生、荷叶伞。

2. 动物印象：用身体动作来表现水中动物的形态；用螺蛳、河蚌等硬质的壳和油泥进行一些创意活动，如河蚌壳绘画摆台。

3. 音乐游戏：《网小鱼》《采红菱》。

4. 歌唱活动：《捉泥鳅》《数蛤蟆》《青蛙和蛤蟆》《螃蟹吹泡泡》。

第四部分：一日活动拓展

（一）学习环境

1. 主题墙。

创设班级主题墙“池塘里面有什么”，呈现幼儿在不同阶段去小池塘观察探索的照片，幼儿自己为水中动植物画的画，以及幼儿的观察记录表，或者是身体表现动作的照片。

2. 自然资源中心。

在班级自然角中利用大水缸或盆创设一个小池塘的环境，根据季节将幼儿捕捞或是收集来的水中动植物进行呈现，便于幼儿及时观察。另外，可收集一些相关的图书，如《小蝌蚪找妈妈》《小黑鱼》，或者相关介绍动植物的书籍，供幼儿进行查阅。

3. 照片海报。

对幼儿园周边的池塘或是自然角中创设的小池塘进行观察，对其中的一种动植物进行观察，并持续用绘画或者是相机拍摄的方式记录，将这些生长情况的照片做成一张张小卡片，让幼儿摆一摆、说一说，增加幼儿对水中动植物的认识。

（二）区域活动

1. 美工区。

投放河蚌、螺蛳等外壳以及颜料、油泥等材料，供幼儿进行创意绘画等活动。

2. 科学区。

观察班级自然角中的乌龟、泥鳅、黄鳝等，引导幼儿进行测量等活动。

3. 阅读区。

投放有关水中动植物的书籍或图片，丰富幼儿认知，如《小蝌蚪找妈妈》《海洋探秘》等。

4. 建构区。

幼儿利用螺蛳壳、河蚌壳、蟹壳、鹅卵石等，进行拼搭和建构。

（三）生活环节

1. 散步时可带幼儿到幼儿园附近的小池塘或者是班级的自然角进行观察。

2. 可将水中植物的果实做成食物点心和幼儿分享，比如莲藕排骨汤、莲藕粥、菱角。通过家长资源，让幼儿在家中品尝一些水中的河鲜，如螺蛳、河蚌、泥鳅、黄鳝、虾等，了解水中的动植物都是人们生活中的宝贝。

（四）家园共育

请家长带幼儿到周边的小池塘进行观察，制作一些水中美味给幼儿分享，并加强池塘边安全教育。

第五部分：资源菜单——经典案例

1. 泥鳅和黄鳝

活动目标

1. 观察、比较泥鳅和黄鳝的外形特征，并能用自己的表达方式记录下来。

2. 提供标尺等工具来量一量泥鳅和黄鳝，并能用连贯的语言有顺序地表达自己的发现。

3. 了解泥鳅和黄鳝的生活习性，以及与人们生活的关系。

活动准备

1. 每组准备一条泥鳅和一条黄鳝；泥鳅和黄鳝的部分身体特征图片。

2. 观察记录表《泥鳅和黄鳝》。

3. 幼儿在家看过泥鳅和黄鳝，并能初步辨认。

泥鳅和黄鳝记录表

观察项目 观察类型	头部	身体	尾巴	

活动过程

1. 出示泥鳅和黄鳝，观察比较，说说自己的发现。

● 教师：今天我们请来了两位动物朋友，请你们仔细地看一看，摸一摸，说一说你的发现。

● 幼儿观察讨论表达。

● 出示标尺、手套等工具和记录表，请幼儿进一步观察泥鳅和黄鳝的外形特征，并做好记录。

● 幼儿边观察边记录，小组内交流表达自己的发现。

● 教师将幼儿的发现进行整理并小结：泥鳅的头部是尖尖的，有胡须5对，身体小而细长，肚子比较圆，尾巴扁扁的，尾鳍和背鳍有黑色小斑点，身上有黏液，摸上去滑滑的。黄鳝头大，嘴巴大，身体像蛇一样长，尾巴是细细的，背上没有鳞片，摸上去也是滑滑的，身体的颜色大多是黄褐色、微黄或橙黄，有深灰色斑点。

2. 出示泥鳅和黄鳝的部分身体图片，根据特征，幼儿来猜一猜，说一说。

3. 了解泥鳅和黄鳝的生活习性，以及与我们人类的关系。

● 教师：你们知道泥鳅和黄鳝生活在哪里吗？泥鳅和黄鳝喜欢吃什么？你们知道我们人类用泥鳅和黄鳝来做什么吗？

4. 游戏：捉泥鳅。

活动延伸

在班级的自然角饲养一些泥鳅和黄鳝，鼓励幼儿利用餐后及散步时间去观察，并喂食泥鳅和黄鳝。

2. 螺蛳和河蚌

活动目标

1. 知道螺蛳和河蚌是水中的动物。

2. 通过观察比较，了解螺蛳和河蚌的形态特征，知道它们外面都有一个硬硬的壳，里面都有软软的肉。

3. 观察螺蛳和河蚌打开的过程，尝试用工具挑出螺蛳肉，注意安全教育。

活动准备

1. 家长资源：捕捞一些螺蛳和河蚌。

2. 观察记录表《螺蛳与河蚌》。

3. 能区分螺蛳和河蚌，知道它们外形上的不同。

螺蛳与河蚌记录表

方法 品种	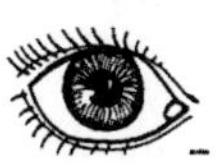		
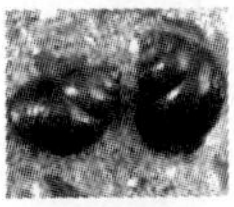			
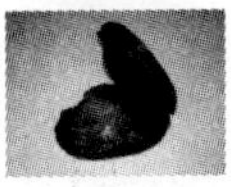			

活动过程

1. 出示螺蛳和河蚌，初步认知两种水中动物。

● 教师:知道它们的名字吗?它们生活在哪里?

2. 出示观察记录表,幼儿进行观察并记录,积极讲述自己的发现。

3. 集体讨论记录内容,对螺蛳和河蚌外形特征进行讨论小结。

● 出示螺蛳:它的形状像什么?它的外面有什么?硬硬的壳上有什么?硬硬的壳里藏着什么?

● 出示河蚌:它的形状像什么?它的外面有什么?硬硬的壳上有什么?硬硬的壳里藏着什么?

4. 教师现场剖开河蚌和螺蛳,请幼儿观察并总结河蚌和螺蛳共同的特征。

● 教师:螺蛳的肉是什么颜色的?摸起来怎样?河蚌的肉是什么颜色的,摸起来怎样?河蚌和螺蛳有哪些地方是一样的?

● 教师小结:螺蛳和河蚌的外面都有一层硬硬的壳,剖开壳以后,都能看到里面的肉,他们摸起来软软的。

5. 尝试用多种工具去挑出螺蛳肉。

● 教师:平时我们在家吃螺蛳和河蚌的时候,爸爸妈妈是怎样做的?

● 小结:螺蛳要先在锅里煮一煮,然后用工具挑出里面的肉肉,河蚌要用刀先剖开来,然后用一些工具将里面的肉一点点挖开进行清理。

● 教师:今天我也带来了一些螺蛳,请你们用工具帮忙来挑一挑。(幼儿尝试)

● 教师:螺蛳和河蚌都生活在水中,螺蛳一般会吸附在水塘边的河堤上,河蚌在较深的水中,夏天的时候,大人们经常会捕捞一些回来做成美味的菜肴,可我们小朋友不能独自到水塘边去,要注意安全。

活动延伸

在班级的美工区投放一些螺蛳和河蚌的壳,幼儿进行美工创意活动;还可以投放在益智区,让幼儿动手去摸一摸、数一数。

3. 认识茭白

活动目标

1. 知道茭白是生长在夏季的一种水中植物,又名高瓜,富含营养。
2. 通过多种方式去感知茭白的外形特征以及味道,大胆地说一说自己的发现。
3. 参与剥茭白的活动,乐意品尝茭白美食,知道茭白是夏季餐桌上的美味。

活动准备

1. 准备一株从水中挖出的完整的茭白、茭白生长的图片、厨具及调料等。

2. 幼儿在教师或者家长的带领下去水塘边看过茭白。

3. 知道茭白的另一种名称，品尝过茭白。

活动过程

1. 出示茭白的生长图片，谈话讨论。

● 教师：你们认识它吗？在哪里见过？它生长在哪个季节？你知道它的名字吗？

幼儿根据自己的经验来说一说对茭白的初步认知。

● 小结：这是我们在夏天的水塘里经常看到的一种植物，我们喜欢叫它高瓜，它还有一个好听的名字，叫茭白。

2. 出示一株完整的茭白，观察、认识茭白的外形特征。

● 教师：这是从水里挖出来的茭白，我们仔细看一看，茭白的外面有什么？它的叶子像什么？摸一摸它的细长的叶子有什么感觉？我们可以吃的部分藏在哪里？

● 请幼儿来试着剥茭白。

教师：剥开来的茭白是什么颜色的？像什么？闻一闻有什么味道？

● 观察茭白的内部结构。

教师：掰开来看一看，茭白的里面是怎样的？用手捏捏有什么发现？

● 小结：茭白生长离不开水，它的叶子是扁平而又细长的，有很多片叶子，当我们将叶子一片一片剥开的时候，里面就会露出白白的、略带绿色的茭白，这个部分是可以食用的，而且闻起来有一股淡淡的清香。

3. 品尝茭白美食，了解茭白的营养价值。

● 教师：你吃过茭白做的菜吗？

● 教师现场制作并品尝。

4. 鼓励幼儿夏季的时候品尝茭白，加强夏季水塘边的安全教育。

活动延伸

在班级的自然角中投放一组“茭白吸水”的实验，准备一些有颜色的水，将茭白放入其中，观察茭白的变化。

4. 菱角飘香

活动目标

1. 知道菱角是生长在水中的植物，了解它的生长状态。

2. 通过看一看、摸一摸、尝一尝的方式了解菱角的外形特征及味道，并尝试用多种方式去探索打开菱角的方法。

3. 激发对水中植物的探究兴趣，知道在水塘边要注意安全。

活动准备

1. 每小组准备一株完整的菱角(包含根、茎、叶、花、果)，菱角实物(生、熟各一份)。

2. 带领幼儿提前观察采菱角的过程。

3. 其他品种菱角的图片、乐曲《采红菱》。

活动过程

1. 观察一株完整的菱角，认识菱角的生长结构。

● 教师：这是什么？在哪里见过？从下往上来观察，你发现了什么？我们吃的菱角长在哪里？

● 小结：菱角的根像一根根的小胡须，茎上有个小鼓包，摸起来软软的，上面的叶片是浮在水上的，看起来圆圆的，四五月份的时候会开出白色的小花。菱角是生长在水下的，从茎上生长出来的。

2. 提供一盘生的菱角和熟的菱角，观察菱角的外形特征。

● 教师：看一看菱角像什么？上面有什么？除了两个角的菱角，你还见过几个角的菱角？摸一摸菱角上有什么？闻一闻菱角是什么味道？生菱角煮熟了以后，哪里有了变化？

幼儿自由观察并讲述发现。

● 小结：菱角是一种生长在水中的植物，它的外形看起来就像一个元宝，有的菱角上面有两个尖尖的角，就像小牛头；有的菱角上面有四个角；也有的没有角。今天我们看到的菱角是绿色的，也有的菱角是红色的。生的菱角闻起来有一种清香味，煮熟了以后它的颜色会变成深紫色或褐色，吃在嘴里更香了。

3. 尝试用工具打开煮熟的菱角，尝一尝、说一说。

4. 观看图片，了解菱角的其他品种。

5. 回忆菱角采摘的过程，知道采摘的辛苦，知道在水塘边要注意安全。

● 教师利用谈话带领幼儿观看回忆采菱角的过程。

教师：采菱角是一件很辛苦的事情，人们划着小船在水面上，将菱角轻轻捞起，轻轻采摘。

● 加强安全教育（水塘边的安全）。

● 跟着音乐《采红菱》模仿采菱角的动作。

活动延伸

在班级的表演区提供《采红菱》的乐曲，让幼儿边听音乐边进行采菱角的动作表演。

主题六:春天里来野菜香

（大班·下）

第一部分:主题背景及目标

（一）主题背景

春天是万物复苏的季节,在农村广袤的田地里、水渠边、门前屋后,各种各样的野菜也悄悄地生长起来,有马兰头、枸杞头、荠菜、蒲公英、马齿苋、野葱、野蒜、菊花脑……种类繁多,用处广泛。在农村,幼儿随处可见各种野菜,并对各种野菜产生了浓厚的兴趣。

为满足幼儿探究欲望,我们开展了“春天里来野菜香”主题活动,创造条件,和幼儿共同走出活动室,走出幼儿园,走进大自然,运用自己的感官通过看、摸、闻、尝等多种途径与春天互动,去感受春风的吹拂,去领略阳光的暖意,去寻找野菜的足迹。这是农村幼儿最快乐的游戏,也是我们依据《指南》,引导幼儿认识大自然与人类关系的重要途径与方法。

（二）主题目标

1. 通过观察、比较、操作、调查等方法,让幼儿了解各种常见野菜的生长过程,激发其好奇心和探究欲望。

2. 设计找野菜、挖野菜、烹制野菜、品尝野菜等实践活动,帮助幼儿积累丰富的知识和经验,使其发现和感知春天季节特征与野菜生长变化之间的关系。

3. 运用乡野河畔、山冈树林的野菜资源,培养幼儿热爱生命、热爱大自然的情感。

（三）关键经验

1. 了解春天的季节特征,知道在春季田野里会长出各种各样的野菜。

2. 能发现和辨别几种常见野菜的基本特征。
3. 乐意走进自然，用生活中的小工具去寻找野菜、探究野菜。
4. 尝试用绘画、标本等方式，记录自己观察和探究野菜的过程与结果。

（四）核心词汇

春天、野菜、观察、体验。

第二部分：资源准备

（一）社区与家长资源

1. 幼儿园周边有野菜的田地。
2. 带幼儿外出踏青，开展亲子找野菜、挖野菜的活动，并学习记录。
3. 邀请家长来园和孩子们进行烹制、品尝野菜活动。

（二）环境资源

1. 幼儿园开辟种植园地，种植几种常见的野菜，利用户外活动和幼儿共同发现、共同找寻。

2. 在幼儿园班级布置“各种各样的野菜”主题墙，提供野菜种子、野菜生长变化、野菜制品以及幼儿在主题活动中的相关照片。

（三）材料资源

1. 亲子调查表：《春天里来野菜香》。

春天里来野菜香

野菜名称	野菜的样子 （请用绘画的方式记录）	野菜可以怎么吃 （请用照片或绘画的方式记录）
……		

2. 便于幼儿进行挖野菜的安全工具(小铲子、儿童剪刀、小耙子等)。

(四) 主题探究流程

1. 第一阶段:调查积累阶段。
(1) 发放并完成《春天里来野菜香》亲子调查表。
(2) 收集各种各样野菜的图片资料及文字资料。
(3) 在户外活动、散步时,共同认识种植园地及周边田地里的野菜。
2. 第二阶段:操作实施阶段。
(1) 认识几种常见野菜,了解其名称、外形特征、用途。
(2) 对找野菜、挖野菜、烹制野菜活动感兴趣,有强烈的探究欲望。
(3) 能小组合作并在成人的配合下完成各项活动,体验合作共享的快乐。
3. 第三阶段:展示总结阶段。
(1) 展示各种野菜的图片以及功能、用途、营养价值等。
(2) 会正确操作、安全使用挖野菜的各种工具。
(3) 野菜制品品尝会。

第三部分:领域渗透

(一) 健康领域

1. 野菜品尝会。
通过活动了解各种野菜的营养价值,知道常吃野菜好处多。
2. 运用适宜的体锻器材,如平衡木、圈等,创设去郊游挖野菜的情境,发展幼儿走、跑、跳、平衡等身体技能。

(二) 社会领域

1. 做青团。
在清明期间,和幼儿一起搜集野外艾草,经过摘拣、清洗、榨汁等程序,加入糯米粉制作青团。
2. 包荠菜饺子。
邀请家长来园和幼儿一同包荠菜饺子。
3. 荠菜花煮蛋。
农历三月三和幼儿一起开展荠菜花煮蛋的品尝活动。

（三）语言活动

通过儿歌《挖野菜》，会巩固对春季里野菜的认识。

挖野菜

春风吹，白云飘，
提竹篮，到野郊，
欢欢喜喜把菜找。
野荠菜，野芹菜，
马兰头，马齿苋，
春天的野菜香又多。
凉拌热炒一盘盘，
春吃野菜胃口好。

（四）科学领域

1. 挖野菜。

通过《挖野菜》，正确使用生活中的小工具，体验野菜的采摘过程。

2. 认识野菜。

通过多种感官，感知常见野菜的基本特征。

3. 测量。

结合班级自然角种植区里的野菜，开展观察测量活动，发现有些野菜是可以多次生长的，如野芹、菊花脑等。

第四部分：一日活动拓展

（一）学习环境

1. 野菜的秘密。

将教师、家长和幼儿收集到的有关野菜的图片、调查问卷等资料，经过分类、整理和装饰，布置到“野菜的秘密”主题墙上。

2. 照片海报。

将幼儿挖野菜、烹制、品尝野菜的照片分类布置成活动海报。

3. 制作《我认识的野菜》绘本小书，巩固对野菜的认识。

（二）区域活动

1. 美工区。

准备各种各样的野菜、颜料、排笔、调色盘、毛巾等开展野菜拓印画活动。

2. 科学区。

通过放大镜观察、比较各种野菜叶脉纹路的不同；通过各种感官，辨别不同野菜。

3. 阅读区。

收集关于野菜的绘本和图片资料，鼓励幼儿结合绘本和图片内容来补充、完善自己对野菜的相关信息。

4. 生活区。

提供简单厨具，师幼共同开展处理、加工烹制野菜的活动(包括摘菜、洗菜、烹制等)。

（三）生活环节

散步时间，组织幼儿在园里走一走，发现野菜的生长变化，鼓励幼儿相互交流自己的发现。

（四）家园共育

家长带幼儿外出挖野菜，制作野菜食品供幼儿品尝。

第五部分：资源菜单——经典案例

1. 挖野菜

活动目标

1. 通过观察、比较，正确地辨别和找出野菜。
2. 学习正确地使用工具挖野菜。
3. 体验参与野外活动的快乐及劳动的辛苦。

活动准备

1. 幼儿园附近有野菜的田地。

2. 准备挖野菜的用具。

3. 与家长联系，为幼儿准备一双轻便的鞋和一顶太阳帽。

活动过程

1. 话题讨论，激发兴趣。

● 教师：你吃过野菜吗？吃过什么样的野菜？什么味道？

● 教师：你还认识哪些野菜？它们是什么样子的？

● 教师：我们幼儿园附近有好多野菜，想不想去挖？

● 教师：挖野菜需要什么工具？挖野菜时应注意什么？

2. 挖野菜。

● 自由探索不同野菜的挖法。

● 交流讨论：你挖了什么野菜？你是怎么挖的？有没有遇到困难？是怎么解决的？

● 你平时吃过这种野菜吗？是怎么吃的？

3. 展示交流劳动成果。

● 把各自挖的几种野菜分类集中放好。

● 交流分享自己对野菜的认识。

活动延伸

家长与幼儿一起去挖野菜，并一起制作品尝。

2. 认识几种常见野菜

活动目标

1. 认识荠菜、马兰头、枸杞头等几种野菜的外形特征，知道其名称。

2. 知道野菜是多种多样的，每种都有其特有的营养价值。

3. 喜欢观察、探究野菜，萌发对农村最常见事物的兴趣。

活动准备

1. 荠菜、马兰头、枸杞头等几种农村常见野菜(每组准备一份)。

2. 放大镜。

活动过程

1. 回顾挖野菜的过程。

2. 用多种感官逐一感知农村常见野菜的基本特征。

● 看一看野菜(从根、茎、叶引导幼儿有序观察)。

● 摸一摸野菜。

● 闻一闻野菜。

● 师幼小结各种野菜基本特征。

3. 游戏:《找一找》。

逐一出示野菜的某些部分,请幼儿快速地说出教师出示的是什么野菜,进一步巩固对各种野菜的认识。

4. 交流讨论野菜的不同营养价值。

● 你吃过这些野菜吗?是怎么吃的?人们为什么喜欢吃野菜?

● 引导幼儿了解野菜的营养价值。(荠菜:凉血止血,清热利尿,健脾利水,降压明目;马兰头:清热解毒,利湿消食;枸杞头:滋补肝肾,益精明目)

活动延伸

探索野菜的储存方式。

3. 野菜品尝会

活动目标

1. 能合作参与野菜的采摘、清洗过程,进一步了解野菜的基本特征。

2. 在烹制、品尝的过程中,进一步了解野菜的食用价值。

3. 在生活中喜欢吃野菜,养成不挑食的好习惯。

活动准备

1. 马兰头、荠菜、水芹、枸杞头等常见野菜。

2. 水、盆等清洗工具和资源。

3. 电磁炉、锅、铲、油、盐、酱、醋等烹饪工具和材料。

活动过程

1. 回顾对野菜的认识。

- 出示几种常见野菜，让幼儿认一认、说一说。
- 讨论交流各种野菜的食用方法。

2. 野菜烹制。

- 幼儿分工进行野菜的采摘、清洗。
- 介绍烹制工具和材料。
- 师幼合作完成各种野菜的烹制。

3. 品尝野菜。

- 尝一尝野菜。
- 说一说：你吃了什么？是什么味道的？

4. 总结。

了解各种野菜的保健价值，鼓励幼儿常吃野菜。

活动延伸

了解野菜的不同烹制方法。